HANS GEORG BECKERS

Tödlicher Wahn

Das Buch

Auch in Gladbach schlägt der »Hexenhammer« zu. Einige Frauen sind die Opfer. Jemand macht sich diesen Wahn zunutze und mordet. Jetzt kann nur noch Pater Antonius vom Gladbacher Benediktinerkloster helfen. Aber auch er muss lange Wege gehen und Gefahren bestehen, bis der Täter endlich gefunden wird...

Der Autor

Hans Georg Beckers wurde 1941 in Mönchengladbach geboren.

Nach über dreißig Jahren als Lehrer am Gymnasium mit den Fächern Englisch und katholische Religion trat er 2006 in den Ruhestand.

1995 wurde er mit einer Arbeit über einen katholischen Pfarrer in Mönchengladbach zum Doktor der Theologie promoviert. Auch danach hat er sich mit geschichtlichen Themen aus seiner Vaterstadt befasst.

Sein Interesse an der Geschichte findet Ausdruck in mehreren historischen Krimis, die zu einer Zeit spielen, in der das neue Denken der Renaissance das Mittelalter Schritt für Schritt abzulösen beginnt.

Bisher erschienen:
Fehlende Mönche (2008) ISBN 978-3-920743-66-0
Gefährliche Erinnerungen (2009) ISBN 978-3-920743-68-4

Hans Georg Beckers

Tödlicher Wahn

Der Niederrhein Krimi 7

Verlag der Buchhandlung Matussek & Sohn

1. Auflage

Umschlaggestaltung: Fabian Matussek
Satz: DTP im Verlag
Druck und Bindung: CPI – Clausen & Bosse, Leck
Printed in Germany
Verlag der Buchhandlung Matussek & Sohn, Nettetal
ISBN 978-3-920743-69-1

Wer ungestüm und über das Verbrechen der Hexerei empört ist, der mag sich einstweilen bezähmen und zur Leidenschaft die Weisheit und Besonnenheit hinzunehmen, die ihm vielleicht noch fehlt.

Friedrich von Spee, *Cautio Criminalis*
oder *Rechtliches Bedenken wegen der Hexenprozesse*

Novum Opus (Kloster Neuwerk)

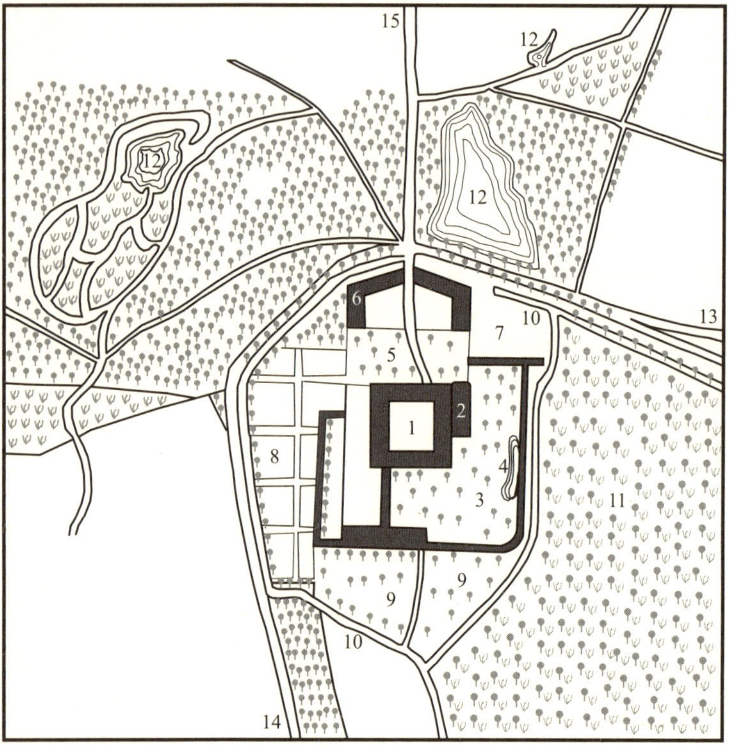

1	Kloster	6	Stallungen	11	Klosterbusch
2	Kirche	7	Pförtnerhaus	12	Teiche
3	Pfarrgarten	8	Kräutergarten	13	nach Engelbleck
4	Weiher	9	Gärten	14	nach Hoven
5	Vorhof	10	Wassergraben	15	nach Dammerfeld

Die Personen

*(die mit einem * Versehenen sind historisch)*

Antonius, Mönch der Abtei Gladbach
Heinrich, sein neuer Adlatus
Ruprecht, Mönch
*Ägidius von Bocholtz, Abt
*Johannes von Bruchhausen, Prior
*Wilhelm von Kolenburg, Cellerar
*Gottfried von Spee, Magister Choralis
Everardus, Mönch und Naturkundler
Gerhard, Alexander und Gottfried; Mönche, die von Brauweiler nach Gladbach kamen
Thomas Ulner, Kaufmann, und seine Frau Gretgen
*Odilia von Millendonk, Äbtissin von Novum Opus
*Johannes von Wied, Abt von Brauweiler
Heinrich, Mönch aus Brauweiler, Prior in Novum Opus
Walram, Mönch aus Brauweiler, sein Kaplan
Katharina von Raedt, Postulantin
Theresa, Nonne in Novum Opus
Hildegundis, Nonne in Novum Opus
Pitter und Lieschen, Bewohner der Bauernschaft Engelbleck
Gretchen, Nachbarin aus Engelbleck
Jan, ein Bauer aus der Donk
Werner, Jagdaufseher des Klosters Novum Opus
Willem der Ältere, Oberknecht in Novum Opus
Willem der Jüngere, sein Sohn
Walter, Pächter des Dammer Hofes
Johann, Oberknecht auf dem Dammer Hof
Hannah, Magd daselbst

1. Kapitel

Im Frühsommer 1511

»Da stimmt was nicht!« Lieschen sah ihren Mann vorwurfsvoll an. Wie immer, wenn sie ihn so ansah, hatte er das Gefühl, an allem Schuld zu sein. Das war es, was ihm an seiner Frau missfiel: Wenn sie ihrer Empörung über das Geschehen in ihrer Nachbarschaft Luft machte, schien sie ihn für alles verantwortlich zu machen, und er fühlte sich dann immer sehr klein. Er war sowieso keine eindrucksvolle Erscheinung, im Gegenteil: Seine Kleidung war grau, sein Haar und seine Gesichtsfarbe auch, er war durch und durch grau und unauffällig. Man nahm ihn erst wahr, wenn er deutlich auf sich aufmerksam machte, was nicht häufig vorkam. Jetzt aber fasste er Mut und fragte: »Was stimmt denn nicht?« »Hast du denn keine Augen im Kopf? Das ist doch klar. Aber du, du bist von den schönen Augen deiner Nachbarin so bezaubert, dass du nicht siehst, was sie für eine ist.«

Die bescheidenen Bauernhöfe in dem Flecken Engelbleck auf dem Weg von Gladbach zum Kloster Novum Opus* in der Donk lagen aufgereiht wie an einer Perlenschnur mit dem Rücken zum Alsbach. Sie waren Pachthöfe des Nonnenklosters. Vom Weg aus blickte man zuerst in die vorgelagerten Gärten, in denen alles wuchs, was man zur täglichen Ernährung brauchte. Auf einem der Höfe wohnten Pitter und Lieschen. Obwohl beide schon Mitte dreißig waren, hatten sie keine Kinder. Das war ihr größtes Leid, und sie hatten die Hoffnung auf Nachwuchs schon beinahe aufgegeben. Pitters und Lieschens Hof brachte gerade so viel ein, dass sie sich über Wasser halten konnten. Es war in diesem Jahr nicht leicht für sie gewesen, ihre kräftigste Kuh war ihnen gestorben, und diesen Verlust konnten sie nicht so leicht verschmerzen. Das Fleisch war nicht mehr zu verwerten. So blieb ihnen nichts übrig, als das Tier auf den Wagen zu packen und zum Abdecker an der Niers zu bringen. Das bisschen Geld, das er ihnen gab, reichte natürlich bei weitem nicht aus, eine neue Kuh zu kaufen. Die lange Periode regnerischen Wetters hatte die Feldarbeit erschwert

* Neuwerk

und nicht zur Besserung der Stimmung beigetragen. Jetzt war das Wetter dabei umzuschlagen, die Wolken rissen auf, und es war immer mehr blauer Himmel zu sehen.

»Wenn ich sehe, wie gut es unseren Nachbarn geht, werde ich wütend. Das geht nicht mit rechten Dingen zu.«

Pitter hatte sich schon so an die Ausfälle seiner Frau gegen die Nachbarn gewöhnt, vor allem gegen die Nachbarin Gretchen, dass er gar nicht richtig zuhörte. Hätte er seiner Frau ins Gesicht gesehen, wäre ihm vielleicht etwas aufgefallen. Ihre sonst so trüben Augen in ihrem ausdruckslosen Gesicht blitzten ganz kurz auf, als hätte sie eine plötzliche Erkenntnis gehabt.

Sie hatten gerade ihr bescheidenes Abendmahl eingenommen, ein Mus aus Mehl mit einem kleinen bisschen Fett, das sie noch von der letzten Schlachtung übrig hatten, und etwas Salz. Die Schüssel in der Mitte des Tisches war leer, sie saßen noch kurze Zeit am Tisch, bevor sie schlafen gingen.

Pitter musste in Gedanken zugeben, dass seine Nachbarin auch ihn nicht ganz gleichgültig ließ. Ihre Figur hatte alle Rundungen an der richtigen Stelle, ihr rotblondes, lockiges Haar war mit Mühe unter der Haube gebändigt, sodass immer wieder einzelne Locken hervorschauten. Gretchen gehörte zu den Frauen, die sich ihrer Wirkung bewusst sind, aber andererseits war sie auch zu stolz, anderen deutlich ihre Sympathien zu zeigen. Ihr Gang hatte etwas leichtes, fast tänzerisches, kurz, sie hatte das, was man Anmut nennen könnte. Männer sahen sich nach ihr um, und wenn ihre Frauen das bemerkten, reagierten sie säuerlich. Ihr Hof, den sie mit ihrem Mann und ihren drei Kindern bewohnte, machte einen besseren Eindruck als die aller Nachbarn, das Dach war gepflegt, die Wände frisch gekalkt, die Zäune gerade. Man sah, hier wohnte jemand, der sich wirklich um seinen Besitz kümmerte und ihn nicht einfach verkommen ließ.

Die Frauen holten am gemeinsamen Brunnen ihr Wasser, und diese Handlung, einmal täglich morgens vollzogen, war eine gute Gelegenheit, Gedanken und Gerüchte auszutauschen. Manchmal gab es sogar Neuigkeiten aus anderen Bauernschaften, wenn jemand Verwandtenbesuch hatte. Gretchen schien sich nicht besonders für Tratsch zu interessieren, deswegen hielt sie sich nicht länger als nötig am Brunnen auf. Ob das besonders klug war, ist zu bezweifeln, gab sie doch den Verbliebenen die Möglichkeit, über sie zu klatschen. Ein aufmerksamer Beobachter hätte das schon von weitem sehen können an der Art, wie die Frauen ihre Köpfe zusammensteckten.

Heute war wieder so ein Tag gewesen, an dem Lieschen und ihre Nachbarinnen darüber nachgesonnen haben, wie es wohl käme, dass es ihnen so schlecht ging. Die Vermutungen, die dazu geäußert wurden, verhießen nichts Gutes.

2. Kapitel

Juli 1511

Pater Antonius war – ganz gegen seine Gewohnheit – schlecht gestimmt. Das Wetter trug nur einen Teil dazu bei; seit drei Wochen schien die Sonne unbarmherzig vom Himmel, der Boden war festgebacken oder staubig, selbst die sonst immer kühlen Räume des Klosters boten keinen Schutz, nur in der Klosterkirche war die Temperatur zu ertragen. Er trug schwer an der Last der Ereignisse, die sich seit Ende Juni in der Umgebung Gladbachs und in der Stadt selbst zugetragen hatten. Nun war dieser schreckliche Irrglaube auch hierher vorgedrungen. Der Anfang allen Übels war ein Buch, das er in Köln bei einem seiner Aufenthalte gesehen hatte: »Malleus Maleficarum«*, erschienen vor mehr als zwanzig Jahren, das sich in Windeseile verbreitet hatte. Es war in Latein verfasst von einem Dominikanerpater mit Namen Heinrich Kramer, der sich vornehm latinisiert Henricus Institoris nennen ließ. Schon der Titel verhieß nichts Gutes, und Antonius hatte nach einigen Seiten der Lektüre gemerkt, worum es ging: um den Glauben, dass es Hexen gab, meist Frauen, die sich mit dem Teufel verbanden und allerlei Unglück über die Menschen brachten. Hier hatte man endlich Sündenböcke für alles mögliche Unglück. Wenn man eine Nachbarin aus irgendwelchen Gründen beneidete oder sonst nicht leiden konnte, genügte es zu behaupten, sie sei eine Hexe. Eine Denunziation beim Hexenkommissar, und schon nahm das Unglück für die arme Frau seinen Lauf. Der Herzog hatte eigens Gerichte eingesetzt, die die Angeklagten, wenn sie sich schuldig bekannten, zum Tod durch Verbrennen verurteilten. Dabei wurden Foltermethoden angewendet, die bewirkten, dass die meisten Opfer sich am Ende schuldig bekannten. Sie glaubten vergeblich, ihr Los dadurch erleichtern zu können, dass sie noch andere als Hexen denunzierten, sodass der Hexenwahn sich wie ein Pestgeschwür verbreitete.

Was Antonius noch zusätzlich aufregte, war die offensichtliche Gleichgültigkeit seiner Mitbrüder, sogar des Abtes. Der einzige, mit

---

* auch bekannt unter dem Titel: Hexenhammer

dem er seinen Zorn teilen konnte, war Pater Gottfried, der eigentlich noch mehr Grund hatte als er, über die Hexenprozesse erschüttert zu sein. Auf Bitten des Vogtes und damit des Gerichtsherrn hatte ihn der Abt zum geistlichen Beistand der Frauen ernannt. So musste er bei den Prozessen anwesend sein und schließlich die Verurteilten auf ihrem letzten Weg begleiten. Antonius fiel auf, dass sein immer schon asketischer Mitbruder nur noch ein Schatten seiner selbst war. Als er ihn nach dem Grund fragte, brach es aus ihm heraus: die Rohheit des Hexenkommissars und seiner Beisitzer, der Folterknechte und des Henkers, das geifernde Interesse der anwesenden Bürger, ja, das ganze himmelschreiende Unrecht, das den armen Frauen angetan wurde, waren schwer für diesen zartbesaiteten Mann zu ertragen. Er musste es bei Antonius loswerden:

»Die Richter machen sich die niedrigsten Gefühle, die Abgründe menschlicher Bosheit zu Nutze, um Zeugenaussagen zu erhalten. Die Folterungen, das Strecken der Angeklagten, denen man zusätzlich Gewichte anhängt, die Peinigungen mit glühenden Eisen und spitzen Hölzern, die unter die Fingernägel getrieben werden, sind unvorstellbar grausam. Ich werde den Abt bitten, mich zukünftig von dieser Aufgabe zu befreien, ich kann nicht mehr.«

Was war geschehen? Ende Juni wurde Eva aus Uedding wegen Zauberei von den Bütteln des Vogts ergriffen und in den Gefängnisturm gebracht. Sie verriet noch zwei andere Frauen, Nelgen aus Lürrip und Nes von der Fuchshütte, die ebenfalls in den Turm geworfen wurden. Das gleiche Schicksal erfuhren zwei weitere Frauen. Am 13. Juli wurden Eva und Nelgen verbrannt, Nes am 22. Juli, die anderen blieben trotz Folter standhaft und mussten freigelassen werden.

Das konnte Antonius nicht gleichgültig lassen. Aber er musste sich auch eingestehen, dass er machtlos war. Gegen das herzogliche Gericht kam er als einzelner nicht an, und außer in Gottfried hatte er anscheinend keinen Verbündeten.

3. Kapitel

Im Juli 1511

Jan, ein Bauer aus der Donk, war einem kleinen Nebenerwerb nicht abgeneigt. Die kleine Bauernschaft Damm war sein Zuhause, seine Hofstelle, wie so viele andere, äußerst bescheiden. Sie war gepachtet vom Kloster Novum Opus, die Böden in der Gegend waren zu sauer, als dass er größere Mengen Korn anbauen konnte, die fünf Rinder dagegen fanden genug Gras und lieferten deshalb so viel Milch, dass die achtköpfige Familie genügend zu essen bekam. Er war klein, schmächtig, leichtfüßig, und konnte sich deshalb sehr schnell unsichtbar machen, wenn der klösterliche Jagdaufseher in der Nähe war. Allgemein wurde er »Der Hänfling« genannt, und das gar nicht in herablassender Weise, im Gegenteil, er war in seiner Nachbarschaft durchaus anerkannt. Er freute sich, wenn er die Tafel durch ein Stück Niederwild, Hasen, Kaninchen oder Rebhühner bereichern konnte. Manchmal konnte er auch ein Stück gegen Korn tauschen, in besonderen Fällen sogar gegen gebrannten Korn, auf dessen Herstellung sich ein Nachbar verstand. Dann sprach er noch am selben Abend diesem Getränk so stark zu, dass er den Unwillen seiner Frau erregte. Obwohl er sonst immer friedlich war, schätzte sie seine zärtlichen Anwandlungen bei diesen Gelegenheiten nicht so sehr.

Seine Jagdmethoden waren alles andere als herrschaftlich, wie hätte er auch an die Waffen kommen können, mit denen die feinen Herren zur Jagd gingen? Er stellte Fallen der verschiedensten Art, kleine Fallgruben mit spitzen Hölzern oder Schlingen aus festgedrehtem Hanf, die nur von Mardern oder Füchsen durchgebissen wurden, aber an diesen Tieren hatte er sowieso kein Interesse.

Es dämmerte, es war trocken, die Arbeit des Tages war getan, und Jan machte sich auf den Weg. In den Knüppelwäldern um die Donk kannte er jeden Weg und Steg, er war nicht in Gefahr, in einen Tümpel, ein Sumpfloch oder einen Graben zu treten. Dann und wann musste er sich bücken, um unter den niedrigen Ästen durchzuschlüpfen. Er ging frohgemut seinen Weg von Falle zu Falle, die aber alle leer waren. Das ließ seine Stimmung etwas sinken. Heute war ihm das Jagdglück nicht hold. Endlich trat er auf eine kleine Lichtung, und es schien ihm so, als ob er hier mehr Glück hatte. Als er näher kam, konnte er es nicht glauben, dass er ein so großes Beutestück jemals fangen würde. Vorsichtig und sich nach allen Seiten umsehend näherte er sich seiner ›Beute‹. Im Dämmerlicht erkannte er, dass sie gar kein Fell zu haben schien. Erst als er fast auf seinen Fund trat, sah er, was er gefunden hatte. Auf dem Boden auf dem Rücken ausgestreckt lag eine menschliche Leiche, nackt und, wie er gerade noch erkennen konnte, übel zugerichtet. Es war augenscheinlich eine Frau. Die weit geöffneten Augen blickten starr nach oben, der Mund war wie zu einem Schrei geöffnet. Da, wo die Brüste gewesen sein mussten, klafften zwei große Wunden, aus denen Blut bis zum Boden geflossen war, die Schamgegend war bis zur Unkenntlichkeit zerstört und blutdurchtränkt. Er wunderte sich über sich selbst, wie sachlich er den Fund betrachten konnte, denn so viel Grausamkeit überstieg sein Fassungsvermögen. Er verspürte auch nicht den Drang, wegzurennen oder wenigstens laut zu schreien, er war einfach wie gelähmt, aber ohne auch nur ein bisschen sein Bewusstsein zu verlieren. Er hielt den Anblick mit möglichst vielen Einzelheiten fest und musste sich dann einen Ruck geben, sich von dem grausamen Ort zu entfernen.

Aber wohin sollte er gehen? Zu Hause und bei seinen Nachbarn würde er nur Hohn und Spott ernten, sie würden denken, er hätte wieder mal zu viel getrunken. Also fasste er sich ein Herz und ging zum Kloster, auch wenn er fürchten musste, dass man ihn dort zu genau befragen würde, was er noch zu so später Stunde im Wald zu suchen hatte. Er, der den Wald so gut kannte, brauchte nur eine Viertelstunde, um an der Pforte anzukommen.

Das Kloster schmiegte sich eng an die noch im alten Stil erbaute Kirche an, aus den Kirchenfenstern drang schwaches Licht, der Gesang der Schwestern zur Komplet war zu hören. Jan ging zur Pforte und hämmerte gegen das verschlossene Tor. Nach einiger Zeit öffnete sich im Tor eine Klappe, und die Pförtnerin fragte unwirsch, wer da wohl so spät noch störe. Er nannte seinen Namen, und dann brach aus ihm heraus, was er gerade im Wald entdeckt hatte. Damit beeindruckte er die Schwester so sehr, dass sie ihn einließ und ihm sagte, er möge in der Pförtnerinnenstube so lange warten, bis das Abendgebet vorbei sei und sie die Priorin oder sogar die Äbtissin holen könne.

Inzwischen war der Chorgesang beendet, und als die Nonnen in einer Reihe aus der Kirche in den Kreuzgang traten, ging die Pförtnerin auf die Äbtissin zu. Als diese sich aus der Prozession löste und auf den Bauern zuging, sah sie, wie sich die Starre bei ihm langsam löste und sein Gesicht nur noch den Schrecken widerspiegelte, den er gerade erfahren haben musste. So kam es, dass die hohe Frau Odilia von Millendonk sich dem kleinen Bauern zuwandte und sich in aller Ruhe anhörte, was er zu berichten hatte. Was sie da hörte, erschütterte sie so sehr, dass sie sofort, sehr zum Erstaunen der anderen Frauen, die dabei standen, zur Tat schritt. War es, weil sie eine dunkle Ahnung verspürte, was sich da im Wald zugetragen haben könnte? Auf ihr Geheiß wurde eine Truppe von Männern aufgestellt, die mit Fackeln zur Fundstelle gehen sollten, wohin sie der Bauer führen musste. In kurzer Zeit waren sechs Männer zusammengerufen. Zwei trugen eine Bahre mit sich, denn es war klar, dass man die Leiche nicht im Wald liegen lassen konnte, sondern sie irgendwo aufbahren musste. Niemand sprach ein Wort, nach kurzer Zeit hatten sie die Lichtung erreicht. Der Bauer blieb ganz am Rand stehen und deutete nur auf die Stelle. Die Männer rückten näher, und als sie sahen, was da lag, ging von ihnen wie aus einem Mund ein Schrei des Entsetzens aus. Einige wichen zurück, die Beherzteren hielten die Fackeln hoch und zwei ganz Mutige gingen vor und unternahmen es, die Leiche auf die Bahre zu legen. Als sich der Zug zum Kloster zurückbewegte, schien es, als ob der Bann gebrochen wäre. Die Stimmen wurden immer lauter, man warf sich gegenseitig Erkenntnisse und Vermutungen zu, bis man am Kloster angekommen war. Sie gingen durch die jetzt weit geöffnete Pforte, hinter der die Ordensfrauen zusammen mit der Äbtissin gespannt warteten. Schnell wurde ein Tuch herbeigebracht, mit dem man die Leiche ganz bedeckte. Die Äbtissin warf noch kurz einen Blick auf das Gesicht. Was sie geahnt hatte, bestätigte sich, doch ihren Mitschwestern wollte sie noch nichts darüber sagen. Der einzige, mit dem sie diese Ahnung glaubte teilen zu können, war Antonius, ein Mönch des Gladbacher Klosters, von dem sie schon so viel gehört hatte, vor allem von seiner Fähigkeit, Verbrechen aufzuklären.

So setzte sie sich noch in der Nacht hin und schrieb einen Brief an ihren hochgeschätzten Mitbruder, Abt Ägidius vom Kloster Gladbach, in dem sie ihn bat, ihr für eine gewisse Zeit Pater Antonius zu überlassen, da sie eine schwere Aufgabe zu lösen habe. Ihr Verhältnis zu Ägidius von Bocholtz war trotz der Auseinandersetzungen mit seinem Vorgänger so gut, dass sie nicht damit rechnete, ihre Bitte würde abschlägig beschieden werden.

***

Einen Tag später ließ Abt Ägidius seinen Mitbruder Antonius nach der Vesper zu sich rufen. Der löste sich sofort von seiner Lektüre in der Bibliothek und kam der Aufforderung nach. Der Abt bot ihm, wie immer, einen Hocker an und las ihm einen Brief vor, der von Odilia von Millendonk stammte:

»Hochwürdiger, etcetera, etcetera, lieber Bruder Ägidius,

ein für unser Kloster schmerzlicher Fall veranlasst mich, eine Bitte an Dich zu richten. Wir haben in der Nähe einen rätselhaften Todesfall, den wir trotz aller Bemühungen nicht aufklären können. Der einzige, von dem wir glauben, dass er uns helfen kann, ist Pater Antonius, der ja auch bei Euch schon manchen Fall gelöst hat. Wenn Du ihn entbehren kannst, schicke ihn doch so bald wie möglich zu uns, er kann bei uns wohnen, so lange es nötig ist.

In der Erwartung, keine Fehlbitte getan zu haben, grüßt Dich ergebenst

Odilia, Äbtissin von Novum Opus.«

Antonius kannte Odilia von Millendonk, die gestrenge Herrin des Frauenklosters in der Donk und musste deshalb über den Stil des Briefes innerlich lächeln. Ihre Bitte war die einer Gleichberechtigten, deren Erfüllung man sich nicht so leicht entziehen konnte, auch nicht als Abt des Gladbacher Klosters. So kam seine Antwort prompt:

»Ich stelle dich von allen Verpflichtungen hier frei, und du kannst sofort zur Donk fahren. Ich stelle dir eine Kutsche zur Verfügung.«

»Mit eurer gütigen Erlaubnis möchte ich gern zu Fuß gehen. Ich brauche etwas Zeit zum Nachdenken und darüber hinaus glaube ich, dass etwas Bewegung an der frischen Luft mir gut tut.«

Dabei blickte er an sich hinunter um anzudeuten, welche Wirkung die Bewegung haben sollte.

»Nun, wie du willst, mache dich gleich morgen früh auf den Weg, die Sache scheint keinen Aufschub zu dulden.«

Antonius hatte sich schon erhoben und war zur Tür gegangen, da rief ihn der Abt zurück:

»Bitte, nimm noch einmal Platz, ich muss dir etwas erklären, was du wissen solltest, bevor du nach Novum Opus gehst. Du weißt vielleicht, dass die Beziehungen unser beider Klöster in den letzten Jahrzehnten nicht die besten waren. Vor hundert Jahren lag mein damaliger Vorgänger mit der Äbtissin im Streit über die Nonnenmühle, was dazu führte, dass sich die Damen von uns ab und den Klöstern von St. Martin in Köln und Brauweiler zugewandt haben. Das wiederum führte dazu, dass sie sich früher als wir der Bursfelder Reform angeschlossen haben.«

Antonius ließ sich nicht anmerken, dass er das alles schon wusste, schließlich war er der Historiograph der Abtei und kannte sich auch bei den Nachbarklöstern aus, zumal er in Köln studiert hatte. So hörte er dem Abt scheinbar gespannt zu.

»Der Abt von Brauweiler ist heute der Commissarius des Klosters* und ernennt deshalb auch die beiden Geistlichen, den Prior und den Kaplan als Seelsorger und vor allem als Beichtväter der Nonnen. Sieh zu, dass du mit denen nicht in Konflikt gerätst, vor allem der Prior hat mehr Macht als die so selbstbewusste Äbtissin. Sei also vorsichtig.«

Antonius wusste selbstverständlich auch um das dünne Eis, auf dem er sich bewegen würde. Aber jetzt verneigte er sich kurz, um dem Abt seine Bereitschaft und seinen Abschied anzuzeigen und verließ den Raum. Beim Weggang ging ihm durch den Kopf, dass die Frauen in der Kirche dem Manne untertan zu sein hatten, und das galt auch für eine selbstbewusste Frau wie Odilia von Millendonk.

---

* Oberster geistlicher Aufseher eines Frauenklosters

4. Kapitel

am nächsten Tag

Nach den Laudes und der Morgenmesse verließ Antonius, ohne ein Morgenmahl eingenommen zu haben, die Stadt durch das Judentor in östlicher Richtung, um seinen Auftrag zu erfüllen. Er hatte noch keine Ahnung, welcher Art dieser Auftrag sein könnte, er war nur froh, der Hexenhysterie in Gladbach zu entrinnen. Er hoffte, in der ländlichen Umgebung etwas von dem Frieden wiederfinden zu können, den er sonst im Kloster spürte. Immer, wenn er durch eine der vielen Bauernschaften auf dem Weg zur Donk kam, wurde er von den Menschen, die sich draußen aufhielten, ehrerbietig gegrüßt, dennoch meinte er heute auch dort etwas von dem Pesthauch zu spüren, der durch das Land wehte. Einige Fensterläden waren geschlossen, was in dieser Morgenstunde ungewöhnlich war. Auf den Feldern wurde gearbeitet, das Korn war abgeerntet, jetzt zogen Pferde, Ochsen oder sogar Kühe schwerfällig den Pflug durch das harte Erdreich. Durch die anhaltende Trockenheit war der Weg staubig, seine Füße in den Sandalen waren nach einiger Zeit schmutzverkrustet, er freute sich schon darauf, im Kloster den Staub von seinen Füßen abwaschen zu können.

In der Bauernschaft Engelbleck, die er nach etwa zwei Stunden erreichte, wandte sich der Weg nach links etwas von dem ihn begleitenden Alsbach weg durch freies Feld auf das Kloster zu, bis er an einen Graben und eine Mauer kam, die den engeren Klosterbereich umschloss. Hinter der Mauer sah er die Obst- und Gemüsegärten, die sorgfältig gepflegt und reiche Ernte zu geben schienen. Er bog kurz nach links ab und ging die Mauer entlang, bis er an einen Weg kam, der um das Klostergelände herum zur Klosterpforte führte. Links von der Pforte stand ein einzelnes Haus, in dem – wie er später erfuhr – der Prior und der Kaplan wohnten. Zwischen dem Priorshaus und dem Kloster lag noch eine kleine Pforte, durch die man zur Kirche gelangen konnte. Das Pfortenhaus beherrschte durch seine Höhe die sich anschließenden Gebäude, zunächst zwei etwas niedrigere Häuser für die Pförtnerin und das Dienstvolk, dann – noch niedriger – die fensterlosen Stallungen und Scheunen. Wenn man durch die Pforte das Klostergelände betrat, sah man, dass die Wirtschaftsgebäude wie ein Hufeisen einen großen Vorhof umschlossen. Im ersten Teil, der mit Kies bedeckt war, konnten die Fuhrwerke halten und ihre Lasten abladen, die dann wohl in den Wirtschaftsgebäuden gelagert wurden. Vor der inneren Klosterpforte war der Platz mit verschiedenen Zier- und Obstbäumen bepflanzt. Sie befand sich im Ostteil des eigentlichen Klostergevierts, die Kirche, deren Chor links sichtbar war, bildete die vierte Seite. Alle Gebäude waren in letzter Zeit unter Odilia von Millendonk erneuert worden, nur die Kirche war noch ganz im alten Stil gebaut, auch der Chor stammte aus der Erbauungszeit des Klosters im 12. Jahrhundert. Einen recht kleinen Turm entdeckte man erst nach genauerem Hinsehen, er stand frei an der Südwestecke der Kirche. Antonius kannte natürlich die Gründungsgeschichte von Novum Opus, das vorher ein ritterliches Gut »Auf der Kranendonk« gewesen war, das dann den Nonnen gestiftet wurde. Graben, Mauer und vor allem die südlichen Vorbauten deuteten darauf hin, denn er hatte einige Hofanlagen in der Umgebung gesehen, deren Gestalt so ähnlich war wie hier.

Bevor er das Kloster betrat, richtete er seinen Blick nach links den Weg entlang, der zu einer Bauernschaft führte, die aus einigen Höfen bestand, die recht eng nebeneinander lagen. Er nahm sich vor, bei Gelegenheit diesen Ort näher zu erkunden.

Die Pförtnerin sah ihn durch ihr kleines vergittertes Fenster schon von weitem kommen und öffnete ihm bereitwillig die Klostertür. Ein Blick auf die Füße des Ankommenden genügte, und sie führte ihn an den Brunnen im Kreuzgang.

»Mutter Äbtissin wartet schon auf euch, ich führe euch gleich zu ihr.«

Durch den Kreuzgang, eine Treppe hoch, ging es zu den Gemächern der hohen Frau. In der makellosen Sauberkeit der Steinböden spiegelten sich Wände und Decke, und die geschnitzte Holztür, an die die Schwester jetzt klopfte, glänzte vom Wachs, mit dem sie poliert war, der Honiggeruch stieg ihm in die Nase. Von innen ertönte eine tiefe Stimme und lud ihn zum Eintreten ein.

Odilia von Millendonk empfing ihn an ihrem Tisch sitzend, er machte eine tiefe Verbeugung, sie wies das mit einer ungeduldigen Geste ab und bat ihn, in einem bequemen Stuhl Platz zu nehmen. Sie hielt sich sehr aufrecht, ihr Schleier umgab ein längliches Gesicht mit ausgeprägter Nase und schmallippigem Mund, der sich selten zu einem Lächeln zu verziehen schien. Nach den Ereignissen vor drei Tagen hatte sie jetzt noch weniger Grund zur Heiterkeit.

»Ich habe deinen Abt gebeten, dich für eine Zeit freizustellen, denn wir haben ein großes Problem«, begann sie ohne Umschweife. Dann schilderte sie, was an dem besagten Abend vorgefallen war. Von ihren Vermutungen sagte sie einstweilen nichts.

»Wo habt ihr die Leiche aufbewahrt? Sie ist das erste, was ich mir ansehen möchte«, sagte Antonius. Auch er hielt sich nicht mit Vorgeplänkel auf.

»Sie liegt im Keller, dort ist es noch am kältesten, aber du musst dich auf einiges gefasst machen.«

Antonius hatte schon einige Leichenschauen erlebt, und so ließ er sich sofort in den Keller führen. Die Schwester, die ihn begleitete, blieb im Gang stehen und wies nur in die Richtung der Tür, die zum Aufbahrungsraum führte. Ohne zu zögern trat er ein und wurde sofort von starkem Verwesungsgeruch empfangen. Er presste sich ein Tuch vor Nase und Mund und ging näher an die Leiche heran. Man hatte aus Pietät zwei Kerzen aufgestellt, die nur bescheidenes Licht auf den Leichnam warfen. Zudem war er mit einem weißen Tuch ganz bedeckt. Er rief der Schwester zu, dass er mehr Licht brauche, denn der Kellerraum hatte nur eine Luke nach draußen. Einen Vorteil hatte der Raum: Die Zahl der Fliegen hielt sich in Grenzen. Zwei Helferinnen brachten zwei große Leuchter und verließen so schnell wie möglich wieder den Raum, denn Antonius hatte inzwischen die Leiche aufgedeckt.

Der Anblick, der sich ihm bot, verursachte auch bei ihm ein Würgen. Nur durch tiefes Durchatmen durch den Mund konnte er der Übelkeit Herr werden. Er sah sofort, dass es sich um die Leiche einer Frau handelte, ihr Gesichtsausdruck mit dem geöffneten Mund und den hervortretenden Augen verriet noch Erstaunen oder Entsetzen. Die Brüste waren ihr offensichtlich abgeschnitten worden, und ihre

Schamgegend war, so schien es ihm, mit einer scharfen Klinge regelrecht zerfetzt worden. Er schätzte das Alter der Toten auf zwanzig bis dreißig Jahre. Um ihren Hals war ein schwarzer Streifen zu erkennen, der darauf schließen ließ, dass sie mit einem dünnen Lederriemen erdrosselt worden war.

Nun kam für Antonius der schwerste Teil der Untersuchung: Er musste die Leiche umdrehen. Das Gewicht war kein Problem, nur die Handlung als solche. Aber es musste sein. Und er musste es alleine tun. Wieder vermisste er seinen Adlatus Ruprecht, mit dem er schon viele sehr unangenehme Dinge hatte tun müssen.

Auf dem Rücken zeigte sich für ihn Aufschlussreiches: Laub, Fraßspuren von Käfern und anderem Getier, was bedeutete, dass sie schon eine gewisse Zeit im Wald gelegen hatte. Als er weiter nach unten schaute, fielen ihm Spuren an ihren Fersen auf. Es waren eindeutige Schürfspuren. Sie musste also vor oder nach ihrem Tod ein Stück über den Boden gezogen worden sein, von einer Person, die sie am Oberkörper, wohl unter den Armen, gepackt hatte. Das war alles, was Antonius entdecken konnte, die Frage nach dem Warum konnte damit noch längst nicht beantwortet werden.

Als er die Tote wieder auf den Rücken gelegt und abgedeckt hatte, ließ er sich wieder bei der Äbtissin melden. Er wurde auch sofort vorgelassen. Die hohe Frau war sichtlich bemüht, sich ihre Anspannung nicht anmerken zu lassen. Antonius begann gleich mit seinen Ausführungen. Dass es eine weibliche Leiche im Zustand nach schwerer Misshandlung war, erwähnte er nicht, da die Äbtissin dies sowieso wusste, aber bei den anderen Punkten wurde er sehr ausführlich:

»Die Tat geschah nicht da, wo die Tote gefunden wurde, die Leiche kann in den Wald geschleift worden sein. Das zeigen Spuren an ihren Fersen. Der Tod ist durch einen Stich mit einer dünnen, spitzen Waffe von hinten ins Herz eingetreten, die Verletzungen können vor oder nach dem Tod beigebracht worden sein. Ich neige zu der Annahme, dass sie ihr nach dem Tod zugefügt wurden, denn um die Wunden herum ist wenig Blut zu sehen.«

»Kannst du etwas über den Täter sagen? Den Finder der Leiche können wir sicher ausschließen.«

»Die Waffe, mit der sie erstochen wurde, kann ich mir nicht in der Hand eines einfachen Bauern vorstellen. Wir müssen also fragen, wer im Besitz einer solchen fein gearbeiteten Stichwaffe sein könnte. Die übrigen Verletzungen scheinen mir eher einen symbolischen Charakter zu haben, als wollte jemand ihre Weiblichkeit zerstören, als hätte er einen Hass gegen das Weibliche allgemein oder gegen das Opfer.«

»Wie sollen wir nun weiter vorgehen? Was schlägst du vor?«

»Zuerst müssen wir herausbekommen, wer das Opfer ist. Wenn wir das wissen, führt es uns vielleicht zum Täter.«

Jetzt durfte und konnte sich Frau Odilia nicht länger zurückhalten. Jetzt musste sie Antonius sagen, was sie über das Opfer zu wissen glaubte.

»Ich habe vorhin nichts gesagt, weil ich nicht wollte, dass du voreingenommen an die Untersuchung herangehst. Ich habe das Gesicht der Toten, so entsetzt der Ausdruck auch war, wiedererkannt. Die anderen Schwestern haben – Gott sei Dank! – nichts bemerkt. Sie ist eine Postulantin*, Katharina von Raedt, die sich aber ihres Entschlusses noch unsicher war und deshalb um einen Urlaub vom Kloster gebeten hatte. Ich habe ihr diesen Urlaub auch gewährt, denn ich glaube, dass man sich diesen Schritt sehr gründlich überlegen muss. Der bloße Wunsch der Eltern, ihre Tochter standesgemäß unterzubringen, reicht meiner Meinung nach nicht aus. Aber ich hatte das Gefühl, dass sie sonst noch etwas auf dem Herzen hatte, was sie mir aber nicht sagen wollte. Unseren Beichtvater können wir ja leider nicht fragen.«

»Um Gottes Willen!«, entfuhr es Antonius, für den das Beichtgeheimnis eine unantastbare Größe war.

Frau Odilia, sonst wohl keinen Widerspruch gewohnt, blickte kurz auf, aber sie ließ die Bemerkung hingehen. Sie sagte nur:

»Wie willst du weiter vorgehen? Ich habe nichts dagegen, wenn du ein paar Tage hier bleibst und dich hier und in der Umgebung umsiehst.«

»Auch mein Abt ist damit einverstanden. Ich möchte heute noch mit

---

* Eine Bewerberin um den Eintritt ins Kloster.

dem Bauern, der die Leiche gefunden hat, zur Fundstelle gehen. Vielleicht finden wir noch etwas, das uns der Lösung näherbringt. Darf ich noch etwas fragen?«

»Nur zu, frage.«

»Ihr habt angedeutet, dass mit der Toten etwas nicht stimmte. Woran hat sich das gezeigt? Hat sie häufiger Besuch bekommen? Durfte sie den Besuch überhaupt empfangen? Hat sich irgendjemand, ein Mann, in der Nähe des Klosters aufgehalten?«

»Ich selbst weiß nichts, aber ich werde meine Schwestern und notfalls auch unsere Dienerinnen und die Knechte befragen. Ich werde dir alles sagen, was ich erfahre.«

Damit schien Antonius auch schon entlassen zu sein. Doch für ihn war klar, dass er vor seinen Untersuchungen noch etwas zu erledigen hatte.

»Verzeiht, ehrwürdige Mutter Äbtissin, aber ich möchte mit eurer Erlaubnis noch mit dem Prior und – wenn nötig – dem Kaplan sprechen, denn ich fürchte, wenn ich das nicht tue, werden sie sich übergangen fühlen.«

Man sah Frau Odilia ihre Verstimmung ob seiner Bitte an, erinnerte sie sie doch an ihre eigene, nicht uneingeschränkte Stellung im Kloster, aber sie musste Antonius gewähren lassen. Jetzt konnte er endlich gehen.

Er ließ den Bauern Jan zu sich holen. Die Zwischenzeit nutzte er zu einem kurzen Gebet in der Klosterkirche. Sie war von den Ausmaßen her bescheiden, hatte aber eine Reihe von Kunstwerken, unter denen ihm besonders die Figur Marias mit dem Jesuskind auffiel, vor der er kurz niederkniete und ein Ave Maria betete. Vor allem betete er um den Beistand des Heiligen Geistes. Dann ging er durch die Pforte zum Priorshaus und klopfte an die Tür. Nach kurzer Zeit wurde ihm die Tür von einer Frau geöffnet, deren Leibesfülle so groß war, wie Antonius es vorher noch nie gesehen hatte. Sie maß ihn mit ihren Blicken von oben bis unten und schien dann festzustellen, dass auch er nicht zur Gruppe der Schlanken gehörte. Das gab ihr sofort einen versöhnlicheren Gesichtsausdruck. Deshalb beeilte sich Antonius, nach dem Prior zu fragen.

»Der hohe Herr ruht noch, aber ich werde ihn sofort wecken.«

Die Aussicht darauf erhellte ihre Miene noch einmal beträchtlich, und sie ging sofort ans Werk, nachdem sie Antonius gebeten hatte, einstweilen auf der Bank in der Eingangshalle Platz zu nehmen.

Es dauerte eine geschlagene Viertelstunde, bis Prior Heinrich kam. Er hatte noch Liegefalten im Gesicht, auch sein Ausdruck war noch der eines Menschen, der aus tiefstem Schlaf herausgerissen worden war. Er trug ein Mönchsgewand, das von außergewöhnlicher Sauberkeit war, aber ohne Kapuze und Skapulier*. Er war mittelgroß, nicht übermäßig schlank, aber auch nicht überernährt. Er trug die Haare länger als bei Mönchen sonst üblich, daran konnte man erkennen, dass er dem Leben in seinem Heimatkloster schon ein wenig entwachsen war. Er war insgesamt eine gepflegte Erscheinung. Dagegen wirkte Antonius recht bäuerlich. Der Prior bat ihn in das Zimmer, das sich gleich links an die Halle anschloss. Es war kühl, weil es an der Nordseite des Hauses lag, die Blenden waren geöffnet, sodass das Tageslicht auf eine Einrichtung fiel, die sorgfältig ausgesucht wirkte. Tisch und Stühle waren aus Eichenholz mit einer geradezu samtenen Oberfläche, auf dem Tisch lagen einige Bücher, die so aussahen, als ob der Hausherr sie auch benutzte. Mit einer höflichen Geste bat er Antonius, Platz zu nehmen und setzte sich zu ihm an den Tisch.

»Was kann ich für dich tun, lieber Mitbruder?«

Antonius schilderte kurz den Grund, warum ihn die Äbtissin eingeladen hatte, ohne zu sehr auf Einzelheiten einzugehen. Im Gesicht des Priors war keine Reaktion zu entdecken, außer dass sich seine Schlaftrunkenheit immer mehr verflüchtigte. Er hörte interessiert zu, gab aber keinen Kommentar ab. Antonius glaubte den Grund für diese Verschlossenheit zu kennen; er war wohl als Beichtvater der Nonnen auch der Vertraute Katharinas gewesen. Dann aber entschloss er sich, sich zu dem Geschehen zu äußern:

»Das Opfer, Katharina von Raedt, ist mir wohlbekannt. Ich bin von ihrem Schicksal tief betroffen. Wenn du mich nach dem Gefühlsleben

---

* Ein breiter Stoffstreifen von gleicher Farbe wie der Habit, der vorne und hinten bis zum Saum reicht und über dem die Kapuze getragen wird.

des Opfers fragst, muss ich dir die Antwort schuldig bleiben. Ich darf dir noch nicht einmal sagen, ob ich etwas weiß. Bitte sei mir nicht böse, aber ich kann dir hier nicht helfen.«

»Dafür habe ich volles Verständnis. Ich habe nur eine Bitte: Könnte ich auch euren Kaplan sprechen?«

»Pater Walram ist im Augenblick nicht hier. Er ist meines Wissens nach Brauweiler gefahren, um mit dem Abt zu sprechen. Worüber weiß ich nicht.«

»Das kann warten, bis er wieder zurück ist. Auf jeden Fall danke ich euch für euer Verständnis.«

Antonius war die leicht bewölkte Miene des Priors nicht entgangen, das Verhältnis der beiden Geistlichen war offensichtlich getrübt. Er musste abwarten, bis er in einem Gespräch mit Walram mehr Klarheit bekäme.

***

Inzwischen hatte sich die Neuigkeit vom Fund der Leiche verbreitet. Niemand hatte Jan verboten, über seine Erlebnisse zu sprechen, er war plötzlich ein Mensch von Bedeutung, und so beschrieb er vor allem die seltsamen Verletzungen der Toten bis in alle Einzelheiten. Immer, wenn irgendwo die Köpfe zusammengesteckt wurden, konnte man erahnen, was das Gesprächsthema war. Wie die Ereignisse gedeutet wurden, hätte man nur erfahren können, wenn man genau zuhörte. Für die Frauen von Asdonk, einer kleinen Bauernschaft in der Nähe des Fundortes, stand schnell fest, was sich da im Wald zugetragen hatte.

»Ich habe mal gehört, dass der Teufel es mit Frauen treibt, die sich mit ihm verbündet haben«, sagte eine von ihnen, machte dabei ein bedenkliches Gesicht und bekreuzigte sich mehrmals. Die anderen Frauen taten es ihr nach, denn das Thema war mit großen Gefahren verbunden.

»Er wohnt ihnen bei und raubt ihnen anschließend ihre Weiblichkeit. Das haben sie nun davon«, fügte sie nicht ohne Schadenfreude hinzu. Vielleicht dachten sie und die anderen, dass der Umgang mit dem Teufel besonders aufregend sein müsste.

»Er nimmt sich also nicht jede Frau, die ihm in die Quere kommt?«, fragte eine andere mit zugleich ängstlichem und lüsternem Gesichtsausdruck.

»Nein, das sag' ich doch!«, antwortete die erste Sprecherin, stolz auf ihr Wissen, »er sucht sich die, die sich vorher mit ihm verbündet haben.«

»Also war die Tote eine Hexe!«, kam es von einer der Frauen.

Damit war das Gerücht in der Welt. Man erzählte es wohlig weiter in dem Bewusstsein, dass man selbst nicht in der Gefahr war, ein Opfer des Teufels zu werden. Es dauerte nicht lange, da war das Gerücht auch im Kloster angekommen.

***

Es war am späten Nachmittag, als Antonius mit Jan in den Wald ging, der gleich beim Kloster anfing und sich weit bis zur Niers hin erstreckte. Der wohlbeleibte Mönch hatte es nicht so leicht wie der Bauer, und so musste er sich oft durch das Unterholz zwängen. Er war völlig außer Atem, als sie an die Stelle kamen, an der Jan die Tote gefunden hatte. Langsam trat die Dämmerung ein. Alles wirkte seltsam friedlich, als ob nie etwas so Furchtbares geschehen wäre. Als die beiden noch an der Fundstelle standen und Antonius sich hinkniete, um zu sehen, was er dort finden könnte, hörten sie plötzlich ein leises Zischen und da schrie Jan auch schon vor Schmerzen auf. Er fiel hin, und Antonius warf sich neben ihn auf den Boden. Dann hörte er noch ein Knacken im Unterholz, als ob jemand wegliefe. Er wandte sich jetzt dem noch stöhnenden Bauern zu und sah, dass ihm ein Pfeil im rechten Oberarm steckte. Er konnte nur befehlen: »Zähne zusammenbeißen!«, denn er musste den Pfeil so schnell wie möglich aus dem Arm ziehen. Dabei packte er so beherzt zu und zog den Pfeil mit einem Ruck heraus, dass Jan gar nicht dazu kam, wieder laut zu schreien. Sie blieben noch eine Zeit lang liegen. Antonius hörte gespannt auf jedes Geräusch. Aber er hörte nur seinen eigenen Herzschlag und die verschiedenen Laute der Tiere im Wald. Er erhob sich vorsichtig und fragte den immer noch stöhnenden Jan:

»Glaubst du, du könntest mit meiner Hilfe zum Kloster zurückgehen? Wir müssen dort so schnell wie möglich deine Wunde versorgen lassen, sonst kriegst du den Brand.«

Nachdem Jan sich mit Antonius' Unterstützung auf die Füße gestellt hatte, gingen die beiden in Richtung Kloster, diesmal natürlich viel langsamer als auf dem Hinweg. Den Pfeil steckte Antonius in eine Tasche seines Habits.

Im Kloster verbreitete sich rasend schnell die Nachricht vom Angriff auf Antonius und Jan. Wer es bis dahin noch nicht verstanden hatte, wusste nun, wie nah die Gefahr war. Auch die Äbtissin fühlte sich persönlich betroffen. Sie kam schnell, um sich die Verletzung Jans anzusehen, sorgte dafür, dass die Wunde behandelt wurde und bat dann Antonius zu sich.

»Jetzt ist also klar, dass jemand etwas gegen die Untersuchung von Katharinas Tod hat, denn ich glaube, der Anschlag könnte genauso gut dir gegolten haben.«

»Das glaube ich auch, denn ich kniete mich gerade hin und wollte mir die Fundstelle noch einmal ansehen. So wurde der arme Jan getroffen. Und ein Mitwirken des Teufels können wir vergessen. Ich habe noch nicht gehört, dass der Teufel mit Pfeilen schießt. Ich habe den Pfeil mitgenommen, nach meinem Wissen handelt es sich um ein Geschoss aus einer Armbrust. Und damit jagen nur Edelleute.«

»Das stimmt, ich weiß das aus meiner Familie«, setzte Odilia von Millendonk hinzu, »die Jäger brauchen immer noch diese altmodische Waffe, weil Feuerwaffen so viel Krach machen, dass sie das Wild verscheuchen, statt es zu erlegen.«

Erst als sie das gesagt hatte, fiel der hohen Frau auf, dass sich der Mordverdacht auf jemanden aus ihren Kreisen richtete. Das ließ sie nur noch mehr erschrecken.

»Was sollen wir bloß machen? Was schlägst du vor?«

»Lasst morgen den Jagdaufseher zu euch kommen. Ich würde ihn gern über Einzelheiten befragen, es könnte ja sein, dass wir so der Wahrheit eher auf die Spur kommen.«

Antonius war selbst nicht vom Erfolg überzeugt, doch im Augenblick blieb nichts mehr zu tun. Es war die Zeit der Komplet gekommen; sie sollte wieder etwas Ruhe in den Bienenschwarm des Klosters bringen. Das sonst übliche Schweigegebot war nicht durchzusetzen nach allem, was geschehen war. Er war dankbar, dass er für eine Zeit die drängenden Fragen zurückstellen konnte. Nach der Komplet, die zur Sommerzeit im Kirchenschiff und nicht auf der Empore gehalten wurde, ging er in die Zelle, die man ihm bereitet hatte, streckte sich auf seinem Strohsack aus und fiel sofort in tiefen Schlaf.

***

Der Jagdaufseher erschien zur frühen Stunde im Kloster. Antonius war nach Prim und Morgenmahl zur Äbtissin gebeten worden. Nachdem er Platz genommen hatte, wurde Werner auch schon gemeldet. Er trat ein und verbeugte sich tief vor der hohen Frau und etwas weniger tief vor Antonius. Seine Kleidung verriet etwas von seinem Beruf, sie bestand aus einer Hose und einem Wams aus weichem, braunen Leder, beide in makellosem Zustand. Er war schlank, etwa sechs Fuß groß, und er hatte eine anmutige Art sich zu bewegen. Sein Alter musste so um die dreißig Jahre sein. Waffen trug er keine bei sich, das hätte sich bei diesem Besuch nicht geziemt. Er blieb erwartungsvoll stehen, mit Stand- und Spielbein sah er wie eine der Heiligenfiguren aus, die viele Kirchen schmückten. Er lächelte leicht, nicht zu sehr, denn das wäre der augenblicklichen Lage unangemessen gewesen. Er sagte nichts, sondern wartete höflich ab, was die Äbtissin ihm zu sagen hatte.

»Ich habe dich hergebeten«, begann Odilia von Millendonk, »weil Pater Antonius von der Abtei Gladbach und ich einiges wissen wollen über die Umstände des Verbrechens, das sich in den letzten Tagen hier zugetragen hat.«

In diesem Augenblick verdüsterte sich die Miene des Mannes ein wenig, wie um seine Anteilnahme zu zeigen. Die Äbtissin machte eine Handbewegung auf Antonius zu, um ihm das Wort zu erteilen. So kam er auch gleich zur Sache:

»Werner, du bist Bediensteter des Klosters und sorgst dafür, dass in den Wäldern, die dazu gehören, kein Unrecht geschieht. Damit meine ich natürlich vor allem Wilderei, die zu bekämpfen deine vornehmliche Aufgabe ist.«

Das Gesicht des jungen Mannes errötete leicht, und Antonius beeilte sich, seine Frage etwas zu entschärfen.

»Sicher kannst du nicht hinter jedem kleinen Bauern herlaufen, der ab und zu einen Hasen oder ein Rebhuhn fängt, und ich glaube, dass die Jagdherren sowieso mehr an Rotwild interessiert sind. Aber jetzt meine Frage: Ist dir in den letzten Wochen etwas Außergewöhnliches im Wald aufgefallen, vielleicht jemand, der sich im Wald herumtreibt, ohne dass er da etwas zu suchen hätte?«

»Immerhin ist gestern von jemandem auf Pater Antonius und seinen Begleiter geschossen worden«, warf die Äbtissin dazwischen, »da liegt es doch nahe, dass sich jemand im Wald aufhält, der keine guten Absichten hat.«

Schon wieder das leichte Erröten des Jagdaufsehers, er schien auf mögliche Kritik an seiner Arbeit sehr empfindlich zu reagieren. Sagen konnte er dazu nichts.

Da zog Antonius den Pfeil aus seiner Tasche und hielt ihn dem Mann hin.

»Aus welcher Waffe stammt dieser Pfeil? Damit ist gestern auf uns geschossen worden.«

Werner sah sich das Geschoss kurz an und sagte:

»Dieser Bolzen aus Holz mit einer eisernen Spitze stammt aus einer Armbrust mittlerer Größe, die von einem Mann ohne fremde Hilfe gespannt werden kann. Sie ist eine leichte Jagdwaffe, mit der man aus nicht allzu großer Entfernung ein Reh erlegen kann.«

»Wie groß schätzt du die Entfernung?«

»Etwa dreihundert Fuß. Dann kann man ziemlich genau treffen.«

Antonius dachte daran, dass er gestern noch gehört hatte, wie der Schütze wegrannte. Die Entfernung konnte also stimmen.

»Wer benutzt eine solche Waffe?«

»Die hohen Herren, die auf die Jagd gehen dürfen.«

Die sachlichen Auskünfte schienen dem jungen Mann leichter von den Lippen zu gehen; auf jeden Fall zeigten sich seine Gefühle nicht mehr so deutlich in seinem Gesicht.

»Könntest du mit mir zusammen und dem Bauern Jan mal zur Fundstelle der Leiche gehen? Vielleicht siehst du etwas, was wir bisher übersehen haben.«

Dazu war der junge Mann selbstverständlich bereit. Sie machten sich gleich auf den Weg zur Bauernschaft Donk in Richtung Niers. Dort trafen sie Jan in seinem Haus an. Er hatte den rechten Arm verbunden und in einer Schlinge liegen, aber es schien ihm, nach der Behandlung im Kloster, wieder ganz gut zu gehen. Seine Frau schaute die Gäste misstrauisch an, und als sie hörte, ihr Mann solle sie begleiten, schimpfte sie halblaut vor sich hin. Bereitwillig schloss Jan sich ihnen an und führte sie an die Fundstelle, dicht hinter ihm leichten Schrittes der Jagdaufseher, dahinter, etwas schwerfällig, Antonius.

So sehr sie sich auch bemühten, sie fanden nichts, was noch auf die Gewalttat hingedeutet hätte.

»Ich will wenigstens wissen, woher gestern der Schuss kam. Jan, hilf mal mit, wir müssen möglichst genau die Stellung einnehmen, die wir gestern hatten«, sagte Antonius.

Nach einigen Versuchen hatten sie die richtige Stellung gefunden. Antonius kniete sich wieder hin, Jan musste stehen bleiben. So konnten sie die Richtung bestimmen, aus der der Schuss gekommen sein musste. Antonius richtete sich ächzend wieder auf, dann ging er mit Jan etwa hundert Schritte zu dem Ort, an dem der Schuss vermutlich abgegeben worden war. Niedergetretenes Gras und abgebrochene Zweige waren ein deutliches Zeichen, dass da jemand gestanden haben musste. Vielleicht erkannten sie auch einen Fluchtweg, denn ebenfalls abgebrochene Zweige deuteten in eine bestimmte Richtung. Jan ging schon wieder an die Stelle zurück, an der Werner stehen geblieben war. Antonius bückte sich noch einmal und sah sich den Boden genau an. Dabei stieß er auf einen unscheinbaren Gegenstand, der nicht so recht in den Wald zu passen schien. Er steckte ihn schnell in die Tasche seines Habits und ging hinter Jan her.

Werner hatte die Taten der beiden aufmerksam verfolgt, ohne sich selbst an der Suche zu beteiligen. Er begleitete Antonius wieder zum Kloster zurück, verabschiedete sich und ging seiner Wege.

Die Zeit der Sext war gekommen, die Nonnen hielten die Gebetszeiten streng ein, denn sie fühlten sich seit längerem der Bursfelder Reform, die gerade nach Gladbach gekommen war, verpflichtet. Das anschließende Mittagsmahl war einfach, aber äußerst schmackhaft, eine Suppe aus Erbsen, in der geräucherte Stücke vom Schwein gekocht waren, gereicht mit Brot, das man in die Suppe tauchen konnte. Es schien Antonius, dass die Nonnen, oder wenigstens die Küchenschwester, eine glückliche Hand beim Kochen hatten. Vielleicht lag es auch an den Gewürzen und Kräutern, die der Suppe das gewisse Etwas verliehen. Danach brauchte Antonius Zeit zum Nachdenken. Dazu zog er sich in die Klosterkirche zurück, in der er die nötige Ruhe fand.

Nach der Non war es mit der Ruhe schon wieder vorbei. Die Äbtissin hatte alle Nonnen zusammengetrommelt, die etwas von Katharina wussten oder zu wissen glaubten. Statt nun auszuwählen, welche Aussagen glaubwürdig und welche es nicht waren, hatte sie alle acht Frauen in einem Raum versammelt. Zuerst musste Antonius der hohen Frau beizubringen versuchen, dass er mit den Damen ohne ihre Gegenwart sprechen wollte, denn nur so versprach er sich einigermaßen aufschlussreiche Antworten. Die Bitte wurde ihm, wenn auch widerwillig, gewährt. Beim Gespräch selbst kostete es ihn einige Mühe, die Damen zu veranlassen, dass immer nur eine sprechen konnte, sonst könne er nichts verstehen. Dann ging es einigermaßen.

Eine Stunde später hatte er genug erfahren, jetzt musste er noch die Spreu vom Weizen trennen. Als wirklich Neues erfuhr er nur, dass die Postulantin das Kloster immer wieder verlassen hatte. Über den Grund wussten sie nichts. Es fiel ihr anscheinend schwer, ihrer Berufung als Ordensfrau weiter zu folgen. Deshalb auch ihre Bitte um Urlaub.

Als die Äbtissin ihn anschließend zu sich rief, schilderte er mit möglichst nüchternen Worten, was die Nonnen seiner Meinung nach Brauchbares gesagt hatten. Inzwischen hatte sie aber auch so viele andere Gerüchte vom Teufel und Katharinas angeblicher Besessenheit gehört, was dazu führte, dass sie Antonius nicht völlig vertraute. Als er das im Laufe des Gespräches merkte, bat er sie höflich, ihn in sein Heimatkloster zu entlassen, da er weiter nichts für sie tun könne. Die Bitte wurde auch gewährt mit dem Zusatz, dass er, sobald neue Tatsachen auftauchten, wieder gerufen würde. So kehrte er mit einer Kutsche nach Gladbach zurück, berichtete dem Abt in groben Zügen, was vorgefallen war, und ging seinen gewohnten Tätigkeiten nach. Das Fundstück behielt er in seiner Tasche, er würde sich bei nächster Gelegenheit über seine Verwendung kundig machen.

5. Kapitel

Anfang August 1511

Gretchen aus Engelbleck, die vor drei Wochen von den Männern des Vogts ergriffen und abgeführt worden war, kehrte zurück. Sie traf keine Schuld. Das Gericht des Herzogs hatte sie trotz Folter nicht als Hexe überführen können. Sie war standhaft geblieben und hatte ihre Unschuld beteuert. Nun war sie wieder da. Sie war kaum noch als die Frau zu erkennen, die sie vorher gewesen war. Sie wurde von den Vogtleuten wie ein Stück Vieh vom Leiterwagen geworfen und blieb eine Zeit lang im Staub liegen. Es war sehr früh am Morgen, die Bauern waren noch nicht zur Feldarbeit ausgefahren, so dass das fremde Fuhrwerk allen auffiel. Niemand traute sich aus dem Haus, Bewegungen hinter den Fenstern zeigten aber, dass da Menschen waren, die die Szene beobachteten. In Gretchens Haus war keiner, der sie empfangen hätte. Der Mann hatte die Kinder gepackt und war zum Hof seiner Eltern in der Nähe von Neersen gefahren. Mühsam rappelte sich Gretchen auf, ihr Gesicht war mit Blutergüssen übersät, sie ging mit steifen Schritten auf ihr Haus zu, klopfte an die Haustür und fand sie verschlossen. Sie ließ sich auf der Bank neben der Tür nieder, und so saß sie eine ganze Zeit da, ohne sich zu regen.

Niemand hinter den Fenstern hatte den Mut, nach draußen zu gehen und Gretchen Hilfe anzubieten, bis auf Pitter. Seine Frau schaute ihn an. Er konnte ihre Blicke nicht deuten. Hatte sie Angst oder empfand sie Genugtuung? Darauf wollte er jetzt keine Rücksicht nehmen. Er ging hinaus und schlug die Haustür hinter sich zu. Er ging hinüber zu Gretchen und fragte sie, ob er ihr helfen könne. Sie blickte ihn nur wortlos an. Sie brauchte gar nichts zu sagen, so sehr waren ihr die Leiden der letzten Wochen ins Gesicht geschrieben. Pitter tat einen tiefen Atemzug und sagte:

»Dein Mann ist mit den Kindern zu seinen Eltern gefahren, er hatte wohl die Hoffnung aufgegeben, dich wiederzusehen.«

»Die Armen«, kam es mit gebrochener Stimme aus Gretchens Mund, »ich muss zu ihnen.«

»Aber wie willst du das machen?« Dabei blickte Pitter in Richtung seines Hauses, sicher, dass seine Frau ihnen zusah. Das Mitleid packte ihn so sehr, dass er alle Bedenken über Bord warf und ging, den Wagen anzuspannen mit dem Klappergaul, um Gretchen zu ihrer Familie zu bringen. Beim Aufsteigen musste er ihr helfen, bis sie neben ihm auf dem Bock saß. Dann fuhr er los, ohne sich umzudrehen.

Auf der Fahrt sagte er nichts. Er wartete ab, und nachdem sie fast eine Meile gefahren waren, fing sie tatsächlich an zu reden:

»Die haben mich nicht klein gekriegt. Die haben alles versucht, mich zum Geständnis zu bringen, aber vergebens. Du siehst, was sie mit mir angestellt haben«, und dabei zeigte sie ihre Hände, an deren Fingern statt der Nägel nur blutige Wunden zu sehen waren. »Sie haben mich mit Gewichten aufgehängt, sie haben mich geschlagen, sie haben mich mit glühenden Eisen gequält, aber alles vergebens.« Dabei kam wieder etwas von ihrem ursprünglichen Temperament durch, vom Kampfgeist, mit dem sie diese schwere Probe bestanden zu haben schien. »Ich habe nicht gestanden, eine Hexe zu sein; wie sollte ich auch, denn ich bin keine. Sie mussten mich gehen lassen. Aber sieh mich nur an, was ist aus mir geworden?«

»Es tut mir so leid, ich glaube an deine Unschuld. Wie kommt es dann, dass man dich angeklagt hat?«

»Neid. Neid. Neid. Irgendjemand, vielleicht eine Frau aus der Nachbarschaft hat mich angeschwärzt. Die glauben ja jedem, der einen anderen wegen Hexerei anzeigt.«

Pitter sagte nichts auf dem Rest des Weges. Er hing seinen Gedanken nach.

Als sie auf dem Hof der Schwiegereltern ankamen, stürzten die Kinder aus dem Haus. Da kam auch Gretchens Mann und half ihr vorsichtig vom Wagen. Er führte sie ins Haus, die Kinder liefen hinterher, von seinen Eltern war nichts zu sehen. Mann und Frau riefen Pitter noch ihren Dank zu, dann waren sie im Haus verschwunden. Pitter drehte um und fuhr zurück.

Seine Frau erwartete ihn schon auf dem Hof. Sie wollte gerade loskeifen, als sie sein Gesicht sah. Das war so anders als sonst, nicht so gleichgültig und unbewegt, wie sie es gewohnt war. Er spannte das Pferd aus, führte es in den Stall und versorgte es. Dabei sprach er kein

Wort, obwohl seine Frau dabei stand. Er ging wortlos an ihr vorbei, ja, er behandelte sie wie Luft. Er wollte erst mal allein sein. Seine Frau war sprachlos.

***

Antonius wunderte sich. So massiv die Hexenprozesse begonnen hatten, so abrupt endeten sie wieder. Die Bilanz war grausam genug. Drei Frauen hatten den Feuertod erlitten, weil neidische Menschen sie angezeigt hatten. Hier konnte man wirklich in die Abgründe der menschlichen Natur blicken. Aber warum war der grausame Spuk so schnell wieder zu Ende? Den Vogt als Hauptverantwortlichen konnte er schlecht fragen. So musste er einen Besuch am Markt machen.

Die Familie Ulner, die hinter dem Rathaus wohnte, empfing ihn wie immer freundlich. Die beiden Kinder, ein Junge und ein Mädchen, waren wieder gewachsen. Sie setzten sich sofort auf Antonius' Schoß. Gretgen Ulner war wieder schwanger, ihre Niederkunft würde bald sein. Ihr Mann Thomas merkte, dass der Mönch etwas auf dem Herzen hatte. Er bat ihn in sein Kontor, damit sie ungestört reden konnten. Es war noch vor Mittag, dennoch fragte Thomas, ob er einen Becher Wein trinken wolle. Antonius war danach, und so sagte er gern zu.

Thomas war inzwischen als angesehener Kaufmann zum Schöffen gewählt worden und wusste deshalb mehr über die Ereignisse in der Stadt als der einfache Bürger. Daher konnte Antonius ihn auch nach den Hexenprozessen und ihrem plötzlichen Ende fragen. Er war sich sicher, dass Thomas seine Meinung über das ganze Verfahren teilte. Der tat sich keinen Zwang an und sagte ohne Umschweife:

»Das herzogliche Gericht hat erst einmal eine Pause eintreten lassen, weil die Prozesse zu viel Geld kosten. Stell dir das mal vor! Da fängt man so einen abergläubischen Unsinn an und muss dann feststellen, dass bei den armen Frauen nichts zu holen ist und der Herzog selbst in die Tasche greifen muss, um alle Beteiligten, Richter, Folterknechte und den Henker zu bezahlen. Aber so haben wir wenigstens eine Pause, ob für immer, das wird sich zeigen.«

Jetzt war Antonius wenigstens klüger, aber seine Stimmung wurde dadurch nicht gehoben. So kam es, dass er sich die Freiheit nahm, auf Einladung am Mittagstisch der Familie Ulner Platz zu nehmen. Beim Essen und den Gesprächen bei Tisch, an denen auch Ulner senior teilnahm, vergaß er vorübergehend seine Sorgen.

6. Kapitel

28ster August 1511

Nach Prim und Kapitel trafen sich im Gladbacher Kloster Abt Ägidius von Bocholtz, Prior Johannes von Bruchhausen und die Mönche Antonius von Lövenich und Gottfried von Spee in der Studierstube des Abtes. Seine recht bescheidenen Gemächer lagen im ersten Stock des westlichen Kreuzgangflügels. Ägidius war heute anders als sonst. Gewöhnlich strahlte er Ruhe und Autorität aus. Jetzt waren seine Gesichtszüge angespannt, ihm stand Schweiß auf der Stirn, den er wiederholt mit seinem Taschentuch abwischte. Die anderen waren bis auf den Prior völlig ahnungslos, denn sie waren vom Abt nur zu einem Gespräch gebeten worden, ohne dass er ihnen den Grund genannt hatte. Nachdem der Prior auf einem Stuhl und die beiden anderen auf ihren Hockern Platz genommen hatten, schauten sie einander erwartungsvoll an. Der Abt saß wie immer in seinem bequemen Stuhl. Der Prior, ein Mann von mittlerer Größe, einem groben Gesicht und einer dicken, leicht geröteten Nase, lehnte sich zurück. Bruder Gottfried mit seinen hageren, streng wirkenden Zügen, saß aufrecht auf seinem Platz. Und für Antonius, den Wohlbeleibten, schien der Hocker ein wenig zu klein geraten. Sein halb geschlossenes linkes Auge, ein Überbleibsel einer Kinderkrankheit, ließ nichts von seinem wachen Verstand ahnen, mit dem er schon so manches Rätsel gelöst hatte.

Der Abt sollte zuerst das Wort ergreifen, alles andere wäre unhöflich gewesen. Er atmete tief durch, rückte auf seinem Stuhl nach vorne und begann mit einiger Mühe zu sprechen.

»Ich habe euch zusammengerufen, weil ich etwas mit euch besprechen möchte, was in erster Linie für mich und dann für das Kloster von großer Peinlichkeit ist. Bevor ich euch sage, worum es geht, möchte ich euch um absolute Verschwiegenheit bitten. Du, Bruder Prior, bist mein Stellvertreter und deswegen auch mein oberster Ratgeber, Bruder Gottfried wird von mir wegen seines unbestechlichen Urteils sehr geschätzt und schließlich Antonius, der der Abtei so viele wertvolle Dienste geleistet hat, dass ich auch auf sein Urteil nicht verzichten möchte.«

Der Prior nahm die letzten Worte mit säuerlicher Miene zur Kenntnis. Antonius musste seine innere Ungeduld zügeln, am liebsten hätte er gesagt: ›Komm endlich zur Sache.‹ Er sah in die unbewegten Gesichter der anderen und hielt sich zurück.

»Um es kurz zu machen,« fuhr der Abt fort, »ich stellte sofort zu Beginn des Generalkapitels vor vier Tagen in Brauweiler fest, dass ich die gesiegelten Einverständnisschreiben des Herzogs und des Konvents nicht bei mir hatte. Ich weiß nicht, wie das geschehen konnte, vielleicht lag es daran, dass ich zum ersten Mal am Generalkapitel der Bursfelder Kongregation teilnahm. Eigentlich sollte unser Kloster ja, nachdem wir uns alle dazu entschieden hatten, der Reform beizutreten, feierlich in die Gemeinschaft aufgenommen werden. Langer Rede, kurzer Sinn – ich stand ohne die Dokumente da. Mir blieb nichts übrig, als einen berittenen Boten zu beauftragen, die Dokumente möglichst schnell aus Gladbach zu holen. Ich berichtete den versammelten Äbten von meinem Missgeschick, und sie brachten mir Verständnis entgegen. Ich konnte aber doch spüren, was manche meiner geschätzten Mitbrüder dachten. Das Vorweisen der Dokumente wurde auf den nächsten Morgen vertagt, bis dahin glaubte ich, die Scharte auswetzen zu können. Schlaf konnte ich in der folgenden Nacht nicht finden, ich musste immer an den Boten denken und betete, dass er rechtzeitig ankommen möge. Ich hatte ihm gesagt, dass er sich an dich, Bruder Prior, wenden sollte, denn du hast Zutritt zu meinen Räumen und konntest ihm die Briefe geben.«

»Verzeih, Vater Abt, wenn ich unterbreche, der Bote kam tatsächlich spät in der Nacht hier an, ich kam gerade von der Matutin und konnte ihm, wie gewünscht, die beiden gesiegelten Schreiben übergeben.«

Jetzt konnte sich Antonius nicht länger zurückhalten. »Entschuldigt, ehrwürdiger Vater, aber ich schließe daraus, dass dem Boten auf dem Weg von Gladbach nach Brauweiler etwas zugestoßen sein muss, was ihn daran gehindert hat, rechtzeitig zu euch zurückzukehren.«

Der Abt sah Antonius an, aber nicht, um ihn zu tadeln, sondern sagte nur: »Du hast Recht. Eine andere Erklärung gibt es nicht. Aber darauf komme ich noch zurück. Meine Mitbrüder staunten nicht schlecht, als ich am nächsten Tag die Schreiben noch immer nicht vorweisen konnte. Sie beschlossen zwar, unsere Abtei feierlich in die Gemeinschaft der Bursfelder Kongregation aufzunehmen, machten mir aber zur Auflage, beim nächsten Generalkapitel im kommenden Jahr das Versäumte nachzuholen. So habe ich erst einmal Zeit gewonnen.«

Der Prior, der glaubte, auch etwas Kluges sagen zu müssen, fragte:

»Und der Bote ist auch nicht wieder aufgetaucht?«

Der Abt sah ihn an, ohne etwas zu sagen und ohne dass sein Mienenspiel seine Gedanken verriet. An Antonius gewandt fuhr er fort:

»Dich bitte ich, der Sache auf den Grund zu gehen. Nimm dir deinen neuen Gehilfen Heinrich, nehmt euch Reittiere und folgt dem Weg des Boten.«

Damit rührte der Abt an einen wunden Punkt bei Antonius, der seinen bisherigen Adlatus Ruprecht hatte abgeben müssen, da dieser sich durch sein Studium auf die Priesterweihe vorbereiten musste. Er wusste noch nicht, was er von seinem neuen Gehilfen halten sollte. Auch die letzten Ereignisse in Gladbach und in der Donk hatten ihn sehr in Anspruch genommen. Endlich nahm er den Auftrag des Abtes, nicht ohne zu zögern, an.

»Wollt ihr, dass wir heute noch losreiten?«

»Gewiss, je mehr Zeit vergeht, umso schwerer wird es, noch Spuren des Boten zu entdecken. Verliert also keine Zeit, ihr könnt ja in Brauweiler übernachten. Nehmt euch Proviant mit, damit ihr mir nicht unterwegs verhungert.«

So war er, Abt Ägidius. Er vergaß nie das Alltägliche, mochten seine Sorgen auch noch so groß sein. Er war eben ein wahrer Sohn Benedikts.

An seinem Lieblingsort, der Klosterbibliothek, traf Antonius seinen jungen Mitbruder, der noch nicht lange als Novize im Kloster war. Heinrich war groß und sehr hager, seine Hände waren mächtig wie Grabschaufeln und seine überlangen, leicht nach außen gestellten Füße ragten aus seiner Kutte heraus als ob sie nicht richtig zu ihm gehörten, er hatte eine lange Nase und große, abstehende Ohren. Antonius, der nicht viel auf Äußeres gab, nahm daran keinen Anstoß, aber er konnte sich denken, dass seine jungen Mitbrüder sich insgeheim über den Jungen lustig machten. Er war sich nicht sicher, wie er den Auftrag des Abtes aufnehmen würde. So war er überrascht, wie begeistert und ohne das geringste Zögern Heinrich zustimmte. Die Frage, ob er reiten könne, bejahte der Junge vom Bauernhof sofort.

Zwei gutmütige Pferde waren schnell herbeigeschafft, Heinrich hatte noch zwei Packtaschen mit Ess- und Trinkbarem dabei, und sofort – es war gegen acht Uhr – ritten sie los. Sie erreichten nach kurzer Zeit Giesenkirchen und ritten, ohne zu rasten, weiter auf Grevenbroich zu, wo sie auf einen Hauptweg kamen, der sie nach Stommeln und weiter zur Abtei Brauweiler führen sollte. Es war ein warmer Sommertag, den die Bauern ausnutzten, den Rest ihrer Ernte einzubringen. Mit ihren Knechten zusammen schnitten sie Weizen und Gerste und ließen die Halme liegen. Später, wenn sie etwas getrocknet waren, würden sie sie zu Garben binden und aufstellen, bevor sie zum Dreschen gingen. Auf anderen Feldern standen die Garben schon gebündelt zusammen, und Antonius musste unwillkürlich an die Geschichte Josephs und seines Traumes denken und wie Joseph sich vor seinen Brüdern wichtig gemacht hatte. Kurz hinter Grevenbroich, die Mittagszeit war schon vorüber, hatte Antonius ein Einsehen, und sie ließen sich am Rand eines dichten Waldes zu einer Rast nieder. Nachdem sie die Pferde an einen kleinen Bach zum Saufen geführt hatten, banden sie sie locker an Baumstämme, wo sie sofort zu grasen anfingen. Die beiden ließen sich auf dem trockenen Gras am Waldsaum nieder und begannen, natürlich nachdem sie zuerst ein Gebet gesprochen hatten, mit der Mahlzeit, die ihnen an der frischen Luft besonders köstlich schmeckte. Der Küchenmeister hatte ihnen Brot, etwas geräucherten Speck und eine Tonflasche mit Bier eingepackt. Die Lust zu essen hatte Antonius noch nicht verlassen, und auch sein Begleiter ließ sich gern davon anstecken.

»Denk immer daran, dass unser Vater Benedikt keine grimmige Askese von uns verlangt hat, sondern in allem das rechte Maß fordert«, begann Antonius in seiner gewohnten Art zu dozieren, denn er glaubte, dem Neuling etwas beibringen zu müssen, »und genau das rechte Maß hat uns unser Küchenmeister eingepackt.«

Heinrich kam gar nicht dazu, eine Antwort zu geben, denn er hatte gelernt, dass man mit vollem Mund nicht spricht. So blieb es bei einem zustimmenden Nicken. Als er endlich den Mund leer gegessen hatte, stieß er seinen Begleiter etwas unsanft an:

»Sieh mal da, über dem Wald. Da kreisen die ganze Zeit Vögel, ab und zu stoßen sie nach unten und kommen wieder hoch. Was hat das zu bedeuten?«

»Sie werden wohl etwas zu fressen gefunden haben, vielleicht liegt da unten ein totes Kitz, das sie unter sich aufteilen.«

Bruder Heinrich überkam ein menschliches Rühren, er stand auf, nicht ohne durch eine leichte Verbeugung Antonius um Erlaubnis gebeten zu haben, und ging ein Stück in den Wald hinein. Er folgte einem Trampelpfad und verrichtete im Verborgenen seine Notdurft. Dabei hörte er ganz in der Nähe ein Geschrei und ein Krächzen, dem er, nachdem er fertig war, glaubte nachgehen zu müssen. Als er die Stelle erblickte, von der der Lärm ausging, drohte ihm das Herz auszusetzen. Er stieß einen lauten Schrei aus. Was er da sah, war so furchtbar, dass er sofort kehrtmachte und aufgeregt zu Antonius lief.

»Bruder Antonius, ich habe gerade etwas Fürchterliches gesehen«, rief er schwer atmend, »du musst sofort kommen.« Mehr brachte Heinrich, dessen Gesicht totenbleich war, nicht heraus. Antonius erhob sich, so schnell seine Beleibtheit es zuließ, und folgte seinem Adlatus über den engen Trampelpfad in den Wald. Da sah er den Grund für Heinrichs Entsetzen. Eine menschliche Gestalt, mit Armen und Beinen so an Äste angebunden, dass der Körper ein Andreaskreuz bildete. Der Schädel war eingeschlagen, der Kopf hing nach unten, und die Vögel hatten ihn so zerhackt, dass sein Anblick kaum zu ertragen war. Antonius hatte in seinem Leben schon einige übel zugerichtete Leichname gesehen, aber dieser Anblick verursachte auch bei ihm ein Würgen, das er mit Mühe unterdrückte. Seinem Begleiter gelang das nicht, er musste sich gleich übergeben.

»Nichts wie weg hier«, rief er, als er wieder zu Atem kam. Als er merkte, dass Antonius ihm nicht folgte, blickte er sich um und sah, was er nicht fassen konnte. Sein Mitbruder ging auf den Gekreuzigten zu, um ihn sich näher anzusehen.

Er rief seinem Adlatus zu, er solle am Waldsaum auf ihn warten; er musste einfach genauer hinsehen, vielleicht würde er so etwas über den Grund dieses schrecklichen Verbrechens erfahren. Jetzt fehlte ihm wieder Bruder Ruprecht. Der wäre bei ihm geblieben und hätte ihm seine Beobachtungen mitgeteilt. Doch seinem Mitbruder konnte er die Flucht eigentlich nicht verübeln, so jung und unerfahren wie er war.

Die Angreifer hatten wenigstens die Anständigkeit besessen, ihrem Opfer die Unterhose zu belassen, ansonsten war er nackt. Die Hose war nicht so wie die eines armen Menschen, ihre Beschaffenheit ließ auf einen gewissen Wohlstand schließen. Der war auch sicher der Anlass des Verbrechens gewesen, also war das ganze ein Raubüberfall, bei dem sich die Täter reiche Beute versprochen hatten. Trotz des immer noch vorhandenen Würgegefühls zwang sich Antonius, den Leichnam näher zu untersuchen. Am linken Handgelenk trug er ein dünnes Lederband, das abzuziehen die Räuber sich nicht die Mühe gemacht hatten. Vielleicht hatten sie es auch übersehen, so sehr glich es der Farbe der Haut. Antonius nahm sich sein feines, scharfes Messer und schnitt das Band ab. Auf der Innenseite fand er eine Inschrift, die er bei den Lichtverhältnissen nicht entziffern konnte. Er würde einen Blick darauf werfen, wenn er wieder im vollen Tageslicht war. Dann schnitt er den Toten aus seiner schrecklichen Lage ab und legte ihn vorsichtig zu Boden. Er deckte ihn notdürftig mit Reisig und Laub zu. Er würde im nächsten Dorf bitten, den Toten wegzutragen und ihn dort aufzubahren. Als er wieder aus dem Wald ins Helle hinaustrat, sah er, wie sein immer noch zitternder Begleiter ihn fragend anblickte.

»Das war ein Raubüberfall. Ich habe den Toten, so gut ich konnte, mit Reisig zugedeckt, im nächsten Dorf werden wir Leute bitten, sich um ihn zu kümmern. Er hatte ein Band um das rechte Handgelenk, und das will ich mir näher ansehen.«

Antonius sah sich im hellen Licht vor allem die Innenseite des Bandes näher an und glaubte, eine Inschrift zu erkennen. Heinrich sah ihm neugierig dabei zu, er schien den Anblick des Opfers schon vergessen zu haben. Mit Mühe konnte Antonius die Inschrift erkennen:

»Gregor, ex servitium ducis Juliacensis miles.«

»Ein Soldat aus dem Dienst des Herzogs von Jülich. Ich weiß, dass die Landsknechte des Herzogs, wenn sie nicht mehr im militärischen Dienst sind, sich als berittene Boten verdingen, was für sie ein einträgliches Geschäft ist. Oh je, da kommt mir ein furchtbarer Gedanke. Ich glaube, wir haben den Boten des Abtes gefunden, der die gesiegelten Briefe in Gladbach abgeholt hat und nach Brauweiler bringen sollte. Jetzt wissen wir, warum die Briefe nie angekommen sind.«

»Aber warum wird ein solcher Bote angegriffen, beraubt und anschließend so grausam zugerichtet?«, fragte Heinrich.

»Die Tat sagt viel über die Täter aus: Sie haben geglaubt, dass er etwas Wertvolles bei sich trug, weil er ja eine Tasche umgeschnallt hatte. Sein Pferd war sicher keine Schindmähre, das haben sie natürlich mitgenommen. Auch seine Kleidung war gut, die konnten sie auch gebrauchen. Vielleicht waren sie so wütend darüber, dass er kein Gold in seiner Tasche hatte, dass sie ihn anschließend so übel zugerichtet haben. Ich kann nur hoffen, dass er schon tot war, bevor sie ihn misshandelt haben. Lass mich noch mal nachsehen, ob sie am Ort ihres Verbrechens ein Feuer gemacht haben.«

»Du willst da wirklich noch mal hingehen?« fragte Heinrich besorgt.

»Ich muss Klarheit haben, damit ich dem Abt eine richtige Auskunft geben kann, wenn wir zurückkommen.«

Und tatsächlich fand Antonius Reste eines Feuers bei der Leiche, einige Fetzen Pergament und nicht ganz verbrannten Siegellack. Das alles erschien ihm Beweis genug. Er nahm sein Taschentuch und hüllte die Überreste ein, um sie später genauer betrachten zu können.

»Am besten reiten wir nach Grevenbroich zurück und melden den Fund dem dortigen Vogt, damit er die nötigen Schritte veranlassen kann. Komm, wir wollen uns beeilen, ich weiß nicht, ob wir heute noch bis Gladbach zurück reiten können.«

Nach einer Viertelstunde waren sie wieder in Grevenbroich. Sie betraten die Stadt durch das Südtor und wandten sich sofort zur Burg, dem Sitz des Vogts des Herzogs von Jülich, zu dessen Gebiet auch das Amt Grevenbroich gehörte. Die Burg, noch ganz im alten, wehrhaften Stil errichtet und von einem Wassergraben umgeben, wirkte alles andere als einladend, und so mussten sich Antonius und sein Begleiter überwinden, um Einlass zu bitten. Als Grund wollten sie die Entdeckung eines schweren Verbrechens nennen. Der Wächter am Eingang musterte sie trotz ihres Mönchsgewandes misstrauisch, ließ sie dann aber ein, fragte nach ihrem Begehr und forderte sie barsch auf, im Eingang zu warten. Er ließ einen Burschen kommen und trug ihm auf, den Vogt zu fragen, ob er für zwei Mönche Zeit hätte, die einen Vorfall melden wollten. Nachdem sie eine geraume Zeit gewartet und das stete Kommen und Gehen beobachtet hatten, kam der Junge zurück und meldete, dass der Vogt bereit sei, sie zu empfangen. Er führte sie zu einem Saal, an dessen Ende der hohe Herr hinter einem schweren Eichentisch saß. Der dunkel gekleidete Beamte des Herzogs erhob sich leicht von seinem Sitz, nachdem ihn die beiden Gäste ehrerbietig begrüßt hatten. Er deutete kurz auf zwei Hocker, auf denen die beiden Platz nahmen und fragte nach ihrem Anliegen. Antonius dachte bei sich, wie sehr von oben herab der Herr wohl die einfachen Leute behandelte. Er räusperte sich kurz und begann mit seinem Bericht:

»Wir kommen vom Kloster in Gladbach und waren im Auftrag unseres Abtes, Ägidius von Bocholtz, auf dem Weg nach Brauweiler. Wir hatten den Auftrag, nach dem Verbleib eines Boten zu forschen, der wichtige Dokumente von Gladbach nach Brauweiler bringen sollte, aber dort nie ankam.«

Als Antonius den Namen seines Abtes erwähnte, entspannte sich die strenge Miene des Vogtes etwas, hatte er es doch mit einem Höherrangigen zu tun und musste Respekt zeigen. Antonius fuhr, ohne sich etwas anmerken zu lassen, mit seinem Bericht fort, in dem er vom Fund der Leiche berichtete.

»Ich glaube, sagen zu können, wer das Opfer ist.«

Heinrich saß die ganze Zeit unruhig auf seinem Hocker, sein Blick wanderte von einem Gesprächspartner zum anderen, er sagte aber nichts. Die Erfahrung eines solchen Zusammentreffens war neu für ihn, und er bewunderte insgeheim die Sicherheit, mit der sein Mitbruder mit einem so hohen Herrn umging.

»Wie kommt ihr darauf?« warf der Vogt kurz ein. Antonius war die höfliche Anrede nicht entgangen.

»Ich fand am rechten Handgelenk ein Lederbändchen, das den Toten als Söldner des Herzogs von Jülich auswies, und ich weiß, dass sie nach ihrer Dienstzeit sich oft als berittene Boten hoher Herren verdingen. Die Erscheinung solcher Boten ist recht herrschaftlich, sie werden für ihre Dienste ja auch gut bezahlt, sie tragen wahrscheinlich oft Geldbeträge bei sich und sind deshalb auch das Ziel von Räuberbanden. Vielleicht waren die Banditen wütend, dass sie nichts für sie Wertvolles an ihm fanden, und haben ihn so übel zugerichtet.«

»Was habt ihr mit der Leiche gemacht? Habt ihr sie so hängen lassen?«

»Nein, ich habe ihn von seinen Fesseln losgeschnitten und auf den Boden gelegt und notdürftig zugedeckt, auch um zu verhindern, dass noch mehr Vögel sich an der Leiche bedienten.«

Hier ging sogar dem hohen Herrn ein Schauer über den Rücken, stellte Antonius mit Genugtuung fest. Heinrich wurde wieder leicht grün im Gesicht, so dass er fürchtete, ihm würde wieder schlecht werden. Doch der junge Mönch nahm sich zusammen.

»Ich muss zugeben, dass wir in letzter Zeit ein Problem mit einer Räuberbande haben, die sich in den dichten Wäldern versteckt und zumeist Kaufleute überfällt und beraubt. Sie kennen sich hier so gut aus, dass wir annehmen, es handelt sich um Hiesige. Sie bewegen sich so geschickt, dass unsere Wachleute und Söldner sie nicht packen können. Ich werde folgendes veranlassen: Wir bringen die Leiche hierher und beerdigen sie nach den Regeln der Kirche. Ihr müsst meine Leute an den Ort führen, das kann ich euch nicht ersparen. Wenn es dann zu spät für den Rückweg nach Gladbach ist, kann ich gern im Wilhelmitenkloster in unserer Stadt nachfragen lassen, ob ihr dort beherbergt werdet.«

Der Vogt rief einen Wachhabenden zu sich und gab ihm die entsprechenden Aufträge. Damit waren auch die beiden Mönche entlassen. Sie ritten mit sechs herzoglichen Reitern zur Fundstelle, dort packten die Männer den Toten in groben Stoff, luden ihn wie ein Paket auf ein mitgeführtes Pferd und ritten zurück. Gefühle ließen sie sich dabei nicht anmerken, vielleicht waren auch sie als ehemalige Söldner einiges gewöhnt.

Die Mönche des Wilhelmitenklosters gewährten den beiden Gladbachern gern Unterkunft und Verpflegung. Als ›Gegenleistung‹ gab ihnen Antonius Auskunft über den Fund auf ihrer Reise nach Brauweiler, den Anlass für diese Reise nannte er aus gutem Grund aber nicht. Auch seine Gesprächspartner bestätigten, dass sich in letzter Zeit häufig Raubüberfälle zugetragen hatten, es dem Vogt und seinen Helfern aber nicht gelungen war, etwas dagegen zu unternehmen. Für Antonius war es natürlich fast unmöglich, hierüber weitere Nachforschungen anzustellen, dazu waren Gladbach und die Wälder um Grevenbroich zu weit voneinander entfernt. Der Prior versprach aber, ihn zu unterrichten, wenn sie etwas über die Aufklärung der Verbrechen erführen.

Am nächsten Morgen machten sich die beiden nach einem erholsamen Nachtlager und einem bescheidenen Gottesdienst, nicht ohne gut verpflegt worden zu sein, auf den Weg in ihr Heimatkloster. Als sie am Nachmittag dort ankamen, meldete sich Antonius sofort beim Abt und erstattete Bericht. Dabei zeigte er auch die verbrannten Reste der Urkunden. Ägidius' Miene wurde immer finsterer. Am Ende sagte er:

»Es tut mir sehr leid um den Boten, denn mein Auftrag hat ihn in den Tod geschickt. Das ganze wäre nicht geschehen, wenn ich rechtzeitig an die Briefe gedacht hätte. Ich fühle mich schuldig. Hoffentlich werden die Übeltäter gefunden und einer gerechten Strafe zugeführt. Was ich bezüglich der Dokumente machen werde, weiß ich noch nicht. Ich werde dem Prior und Pater Gottfried das Ergebnis deiner Untersuchung mitteilen, du ermahnst bitte Bruder Heinrich, strengstes Stillschweigen zu bewahren. Euch beiden herzlichen Dank für eure Mühe!«

Damit war Antonius auch schon entlassen. Eigentlich war er enttäuscht. Er hatte sich erhofft, der Abt würde das Problem, das entstanden war, mit ihm und den anderen erörtern. Aber dazu konnte er sich wohl – noch – nicht durchringen. Man musste dem Abt Zeit lassen, dann würde er vielleicht zur richtigen Einstellung kommen.

7. Kapitel

Die beiden Tage waren anstrengend genug, deshalb zog sich Antonius in seine geliebte Bibliothek zurück. Dort nahm er sich ein Blatt Papier und begann, seine Gedanken zu den Hexenprozessen aufzuschreiben. Er war sich nicht sicher, warum er das tat. Eigentlich wollte er sich später nicht den Vorwurf machen lassen, er hätte nichts getan. Natürlich wäre es mutiger gewesen, in aller Öffentlichkeit gegen diesen Aberglauben aufzutreten, aber dabei hätte er Kopf und Kragen riskiert, auch wenn er zum Klerus gehörte.

Gibt es Hexen?

Sie sollen sich mit dem Teufel verbinden, um ihn bei seinem Werk, zum Bösen zu verführen, behilflich zu sein. Wenn er wirklich ein gefallener Engel ist, dann kann er auch ohne die Hilfe der Menschen sein Werk vollführen.

Warum sind die Hexen meistens Frauen?

Nach Henricus Institoris sind Frauen weniger wert als Männer. Er verweist auf die Bibel, auf die Schöpfungsgeschichte, nach der Eva aus der Rippe Adams geschaffen worden sei. Da heißt es aber auch: »Das ist nun endlich Fleisch von meinem Fleisch.« Und vorher: »Als Mann und Frau erschuf er sie.« Frauen sind also genauso viel wert wie Männer.

Haben Frauen eine größeren Hang zum Bösen?

Nachdem ich so viel Böses von Männern kennen gelernt habe, glaube ich nicht, dass Frauen einen noch größeren Hang zum Bösen haben.

Warum werden Hexen fast immer schuldig gesprochen?

Sie werden so lange gefoltert, bis ihnen ein Geständnis als letzter Ausweg erscheint.

Fazit: Hexenprozesse sind ein Übel!

Nachdem er das Blatt mit seiner kleinen Handschrift gefüllt hatte, hob er die Platte seines Pultes und legte es ganz unter die übrigen Blätter, die sich angesammelt hatten. Da war es zunächst einmal sicher.

Nach der Komplet ging er in seine Zelle. Bevor er sich hinlegte, zog er seinen Habit aus. Dabei fiel ihm der Gegenstand aus der Tasche, den er im Wald von Novum Opus aufgehoben hatte. Er sah ihn sich noch einmal unter seinem Licht an, konnte seine Herkunft aber nicht erklären. Er war rund mit zwei Ausbuchtungen, etwa eineinhalb Zoll im Durchmesser, mit einem Loch in der Mitte, wie ein großer Knopf. Das Material konnte er nicht genau bestimmen, es war etwas wie Horn, sehr fest und glatt. Er überlegte, wen er fragen könnte. Ihm fiel nur sein Mitbruder Everardus ein, dessen Kenntnisse über die Natur ihn immer wieder beeindruckten. Am nächsten Morgen würde er ihn als allerersten befragen. Mit diesem Gedanken schlief er friedlich ein.

***

Wie üblich, erkundigte sich Everardus nicht nach dem Grund seiner Frage. Er war viel zu sehr eingesponnen in seine Untersuchungen der Natur, als dass er sich auf Nebenwege locken ließ. Das war Antonius natürlich angenehm, denn er hätte nicht gewusst, was er als Erklärung für seine Frage hätte geben können. Es brauchte niemand zu wissen, dass er immer noch mit seinem Fall aus Novum Opus beschäftigt war. Sein Mitbruder nahm den Gegenstand in die Hand, drehte ihn nach allen Seiten und überlegte. Nach einiger Zeit sagte er:

»Das Material ist Hirschgeweih, und zwar aus einem Stück nahe am Kopf herausgeschnitten. Ein Knopf kann es nicht sein, denn was sollen da die beiden Nocken? Wo sagst du, hast du den Gegenstand gefunden?«

»Im Wald. Er lag auf dem Boden. Ich hätte ihn fast übersehen.« Weitere Auskünfte konnte Antonius nicht geben. Da fiel ihm ein, dass er ja noch etwas in der Tasche hatte, den kurzen Pfeil mit der Eisenspitze. Er hatte sich in seiner Tasche verhakt, deshalb war er gestern Abend nicht herausgefallen. Jetzt zog er ihn vorsichtig heraus und zeigte ihn seinem Mitbruder, in dessen Gesicht er ein ganz leichtes Lächeln zu erkennen glaubte.

»Ah, jetzt kommen wir der Lösung schon näher«, sagte Everardus, der langsam in Fahrt kam, »ich glaube, dass beide Gegenstände von ein und derselben Sache stammen, die man Armbrust nennt, lateinisch *arcobalista*, die heute vorzugsweise zur Jagd auf Rotwild benutzt wird. Die genaue Technik kann ich dir nicht beschreiben, da musst du einen Fachmann, am besten einen Waffenschmied, befragen. Ich kenne keinen.«

Damit hatte Everardus auch schon das Interesse an der Frage verloren und wandte sich wieder seiner ursprünglichen Tätigkeit zu. Glücklicherweise wusste Antonius von einen Schmied, der seine Werkstatt an der Fuchshütte hatte. Er hatte es nicht weit, er brauchte bloß den Berg nach links hinunter zu gehen in Richtung Weihertor, da lag kurz vorher auf der rechten Seite die Fuchshütte, an der fünf schmale, niedrige Häuser standen. Neben dem dritten Haus war eine kleine Gasse, die am Wohnhaus vorbei zur Werkstatt führte. In der Gasse hörte Antonius schon das Klingen des Hammers, der auf ein Stück Eisen niederging. Der Meister bemerkte gar nicht, dass jemand seine Werkstatt betrat, erst nach einiger Zeit blickte er auf, zeigte aber keine Anzeichen der Überraschung. Er grüßte den Pater mit einem kurzen Kopfnicken und hämmerte weiter auf das Werkstück ein, das noch hellrot glühte. Antonius konnte nicht erkennen, was aus dem Eisen werden sollte, doch er kannte den Satz: »Schmiede das Eisen, so lange es heiß ist.« Deshalb wartete er geduldig, bis das Stück soweit erkaltet war, dass es nicht mehr bearbeitet werden konnte und wieder ins Feuer geworfen wurde.

Zuerst wischte sich der Schmied mit einem blauen Tuch den Schweiß aus dem Gesicht und hinterließ dabei dunkle Streifen auf Stirn und Nase. Der Rest war mit einem schwarzen Bart bedeckt. Nur die Augen blickten mit Interesse sein Gegenüber an, der sofort die beiden Fundstücke hervorholte und zeigte.

»Klar! Zwei Teile einer Armbrust mittlerer Größe, einer Jagdwaffe. Wozu der Pfeil dient, versteht sich. Ihr wollt sicher wissen, was das runde Ding ist. Das ist eine Nuss, so nennt man sie. Sie sitzt in einer Vertiefung im Schaft. Die größere Aussparung hält die Sehne, nachdem sie gespannt worden ist. Vor der Sehne liegt der Bolzen, mit dem geschossen wird. Die kleine Aussparung wird von der Abzugsstange gehalten. Wenn man die zieht, löst sich die Nuss, dreht sich um ihre Achse, die Sehne schießt nach vorne und mit ihr der Bolzen.«

»Wie kann es denn geschehen, dass so eine Nuss verloren geht?«

»Das kommt schon mal vor. Die Nuss wird vom Nussfaden als Achse gehalten. Der Faden verschleißt im Lauf der Zeit, wenn er bricht, kann die Nuss herausfallen.«

»Merkt der Schütze das nicht?«

»Wenn es nicht mehr ganz hell ist und der Schütze die Waffe nach untern hält, merkt er nichts. Erst zu Hause, wenn es zu spät ist. Dann muss er suchen oder sich eine neue besorgen.«

Antonius fiel ein, dass der Schütze, der auf Jan und ihn geschossen hatte, ziemlich im Dunklen stand. Pech für ihn. Doch eines wollte er noch wissen:

»Woher kennst du das alles?«

»Ich weiß, was Ihr denkt, Pater. So ein einfacher Schmied, der nur mit einem dicken Hammer umgehen kann, wie kann der sich bei so was feinem wie einer Armbrust auskennen? Ich bin bei einem Waffenschmied in Neuss in die Lehre gegangen, der machte auch Armbrüste. Da hab' ich mir einiges gemerkt. Selbst welche machen kann ich nicht. Will ich auch nicht. Ich bin nach Gladbach gekommen, weil ich mich in ein Gladbacher Mädchen verguckt hatte. Die wollte ich unbedingt heiraten. Da musste ich mir hier eine Arbeit suchen. So bin ich zu dem Grobschmied gekommen, von dem ich die Werkstatt dann übernommen habe, als der nicht mehr konnte. So war's. Im Haus wohnt meine Familie, meine Frau und sechs Kinder. Ich hab's nie bereut.«

So viel Vertrauen hatte Antonius von dem finsteren Schmied gar nicht erwartet, aber er nahm es erfreut zur Kenntnis. Auf dem Rückweg bergauf kam er ins Schnaufen. Das hinderte ihn nicht daran, das, was er erfahren hatte, zu einem vorläufigen Bild zusammenzusetzen. Der Armbrustschütze stand im Dunklen, Jan und er in einer Lichtung. Die Schussposition war also gut. Dass er den Verlust der Nuss nicht bemerkte, war Pech für ihn und Glück für Antonius. Wer mochte der Schütze sein? Die Armbrust war die Jagdwaffe der feinen Herren. Er stellte sich vor, wie dieser Herr jetzt an der Stelle vergebens suchte. Am liebsten hätte er sich auf die Lauer gelegt. Doch man wollte ihn offensichtlich in Novum Opus nicht mehr haben. Also musste er seine

Überlegungen erst einmal für sich behalten. Vielleicht könnte er sie irgendwann wieder hervorholen.

8. Kapitel

10ter September 1511

Vor vier Tagen war der gnädige Herzog, Wilhelm IV., in Jülich nach kurzem Krankenlager im Alter von 56 Jahren verstorben. Nicht dass man im Gladbacher Kloster vor Trauer zerflossen wäre, so sehr liebte man ihn hier nicht. Die Herzöge von Jülich und Berg waren ursprünglich Schutzherren des Klosters gewesen, aber sie hatten ihre Herrschaft gegen den Abt als Grundherrn Gladbachs so stark ausgebaut, dass diesem oft nichts übrig blieb als nachzugeben. Wilhelm hatte keinen Sohn als Erben hinterlassen, aber alles lief auf seinen Schwiegersohn Johann hinaus, der aber noch ein unbeschriebenes Blatt war. Es herrschte also Unsicherheit über das, was kommen würde.

Eines aber war sicher. Die Würdenträger im Herzogtum würden an seinem Begräbnis teilnehmen, das in der Klosterkirche von Altenberg, einer Stiftung der Herzöge von Berg, mit großer Feierlichkeit stattfinden sollte. Auch Abt Ägidius von Gladbach hatte sein Erscheinen angekündigt, nachdem er die Trauernachricht erhalten hatte, und so fuhr er am Tag vor den Feierlichkeiten mit seiner Kutsche in das etwa eine Tagesreise entfernte Altenberg. Da er nicht alleine reisen wollte, nahm er Antonius mit, vielleicht um sich wieder etwas besser mit ihm zu stellen, denn auch ihm war eine gewisse Entfremdung wegen der Hexenprozesse nicht entgangen. Der Eingeladene war von der Idee sehr angetan, in erster Linie, so gestand er sich selbst ein, wegen der Gelegenheit, die Klosterkirche, von der er in Köln so viel Lobendes gehört hatte, selbst in Augenschein nehmen zu können.

Die Fahrt verlief in freundlicher Atmosphäre, das strittige Thema der Hexenprozesse wurde ausgespart, aber es gab ja auch sonst noch genügend Möglichkeiten der Unterhaltung. Eine Rast wurde in Neuss eingelegt, wo die Gäste freundlich empfangen wurden. Die Nonnen setzten ihnen ein köstliches, wegen der frühen Morgenstunde leichtes Mahl vor, und die beiden ließen es sich gut gehen. Bei der Weiterfahrt musste man zuerst über den Rhein setzen, um ihm dann aufwärts bis zur Mündung der Dhünn zu folgen. So erreichte man durch das

Dhünntal ohne große Steigungen Altenberg. Auf diesem Weg nickte der Abt ein, und so nahm auch Antonius die Gelegenheit wahr, sich seinerseits etwas auszuruhen. Erst als der Weg immer holpriger wurde, wachten beide wieder auf und blickten in eine bergige, aber doch liebliche Landschaft. Ab und zu fuhren sie durch Dörfer, aber je mehr sie sich dem Ziel näherten, begriffen sie, dass die Brüder von Citeaux, die ja eigentlich auch Söhne des hl. Benedikt waren, sich in die einsamen Flusstäler zurückgezogen hatten. Plötzlich bogen sie um eine Kurve, und dann sahen sie das große Kloster vor sich in einer Wiese liegend, überragt von der Kirche, deren Anblick Antonius so sehr entgegenfieberte. Die Sonne stand schon sehr tief, so dass sie den Talboden nicht mehr erreichte. Trotzdem war der Anblick der Kirche imposant, doch Antonius musste seine Neugier noch zügeln.

Sie reihten sich in eine längere Folge von Kutschen ein, mit denen die vielen Würdenträger bis zum Eingang vorfuhren. Der Prior von Altenberg ließ es sich nicht nehmen, die Ehrengäste persönlich an der Pforte zu begrüßen und zu ihren Quartieren geleiten zu lassen. Einfache Begleiter wie Antonius mussten sich mit einem Schlafplatz im Dormitorium begnügen. Das machte ihm nichts aus, denn so konnte er sich freier bewegen. Die höhergestellten Persönlichkeiten nahmen ein Abendmahl im Mönchsrefektorium ein, die anderen speisten im Laienrefektorium, aber auch da war von Enthaltsamkeit, die eigentlich zu den Grundsätzen der Zisterzienser gehörte, nichts zu spüren. Zur Komplet rief eine Glocke, und alle Mönche und viele Ehrengäste nahmen am Chorgebet teil. Der Aufwand, den das Kloster trieb, war groß, doch das war es der Stifterfamilie schuldig.

Der nächste Morgen begann sehr früh mit den Laudes, an die sich ein feierliches Requiem für den Verstorbenen anschloss, zelebriert vom Abt von Altenberg, die geistlichen Würdenträger wie Äbte und Prälaten saßen, angetan mit Chormänteln auf Sedilien zu beiden Seiten des Hochaltars, die vielen Mönche des Klosters im Chorgestühl, die übrigen Gäste, wenn es Priester waren wie Antonius, im Chorumgang, die anderen im Kirchenschiff, das vom Chorraum durch einen Lettner abgetrennt war, so dass man das Geschehen am Altar nur hören und nicht sehen konnte. Der Chor der Altenberger Mönche sang die liturgischen Gesänge mit großer Vollkommenheit, Antonius sang voll Inbrunst mit. Zur Einsegnung des Toten und zur Beisetzung in der Grablege der Herzöge im linken Querschiff durften dann alle Gäste nähertreten. Der Sarg, der vor dem Hochaltar stand, wurde verschlossen und von Mönchen in feierlicher Prozession zu dem noch provisorischen Hochgrab getragen. Dabei sangen sie die wunderschöne Antiphon: »In paradisum deducant te Angeli«*, die Antonius sehr zu Herzen ging.

Auf einmal entdeckte er unter den Ehrengästen eine Dame, die er sehr wohl kannte: Odilia von Millendonk. Sie schien ihn nicht zu bemerken, sodass er sich auch nicht gedrängt fühlte, auf sie zuzugehen. Bei dem anschließenden Trauerempfang im Kreuzgang, den die herzogliche Familie gab, konnte sich jeder mit Brot und Wein und anderen Köstlichkeiten stärken. Nicht nur Antonius griff mit vollen Händen zu, was durchaus zu verstehen war, denn man hatte vor dem Requiem entsprechend dem Nüchternheitsgebot nichts zu sich genommen und die ganze Feier hatte sicher drei Stunden gedauert. Der Vorteil dieser Art von Nachfeier war, dass man herumgehen konnte. Antonius blickte sich nach allen Seiten um, ob er nicht ein bekanntes Gesicht entdecken würde, da stand er plötzlich vor der Äbtissin von Novum Opus. Sie sah ihn an, ernst, aber nicht unfreundlich, nahm ihn beim Arm und zog ihn etwas zur Seite.

»Pater Antonius, ich hätte nicht gedacht, dich hier zu sehen, aber es trifft sich gut. Bitte nimm mir meine abweisende Art bei deinem letzten Besuch nicht übel; ich konnte deinen Worten damals nicht folgen. Doch jetzt ist etwas Schreckliches eingetreten. Wir haben einen weiteren Toten, augenscheinlich ein Mordopfer. Es ist der Bauer Jan aus der Donk.«

Antonius konnte es nicht fassen. Er sah die Äbtissin entsetzt an.

»Du musst uns helfen. Bei uns geht nur noch die Angst um. Darf ich deinen Abt bitten, dich noch einmal zu mir zu schicken?«

»Sehr wohl, Frau Äbtissin. Ich bin euer und meines Abtes Diener.«

Hinter seiner Förmlichkeit verbarg sich tiefe Unruhe, ja Erschütte-

---

* Ins Paradies mögen Engel dich geleiten.

rung. Doch die Äbtissin war schon wieder verschwunden, wahrscheinlich um nach Abt Ägidius zu suchen.

Da sie erst am nächsten Morgen zurückfahren konnten, nutzte Antonius noch die Gelegenheit, sich im Kloster und in der Kirche umzusehen. Das tat seinem Seelenzustand sichtlich gut. Der Gang um die Kirche offenbarte ihm die ganze Schönheit und Schlichtheit der zisterziensischen Bauweise. Hier waren Baumeister am Werk gewesen, die ihre Kunst auch am Kölner Dom ausgeübt hatten. Aber hier hatten sie sich zurückgenommen, das, was am Domchor wie ein Spitzengewebe aus Bögen und Streben den Bau überzog, war hier einfach, klar, ohne Schnörkel. Strebepfeiler und Strebebögen durften zeigen, was ihre Aufgabe war: Die hohen, durchfensterten Schiffe und den Chor zu halten, den Gewölbeschub aufzunehmen. Alles wirkte wie klar geschliffener Kristall.

Doch die Krönung kam im Inneren. Getreu der Regel der Schlichtheit waren die großen Fenster nur mit weißem und grauem Flechtwerk geschmückt. Nur das große Westfenster bildete eine Ausnahme. Das flammende Spiel der Farben, vor allem des Goldes entfaltete sich erst am Nachmittag, wenn die Sonne im Westen stand.

»Gütiger Himmel!« dachte Antonius, »wenn es so im Paradies ist, dann will ich dem ohne Angst, ja mit Freuden entgegensehen.«

Wie verzückt stand er im Kirchenschiff und konnte seinen Blick nicht abwenden, bis ihn die Glocke wieder zum Gebet rief.

Auf dem Rückweg erzählte ihm der Abt vom Ansinnen der Äbtissin. Er erteilte Antonius natürlich die Erlaubnis, nach Novum Opus zu gehen und sich dort umzusehen.

9. Kapitel

Zwei Tage später

Antonius hatte sich schon an die bequemere Art zu reisen gewöhnt; dieses Mal schlug er das Angebot des Abtes nicht aus, mit der Kutsche nach Novum Opus gebracht zu werden. Im übrigen regnete es schon seit den frühen Morgenstunden, und er war froh, dass er nicht nass wurde. Als er gegen Mittag ankam, lag lähmende Ruhe über dem Kloster, die Nonnen, aber auch die Bediensteten kamen ihm schweigend entgegen, verneigten sich zum Gruß und verschwanden sofort wieder. Er ließ sich bei der Äbtissin melden, auch sie empfing ihn mit ernster Miene. Obwohl sie sich sehr gerade hielt, war ihr die gewohnte Selbstsicherheit abhanden gekommen.

»Wo habt ihr ihn hingelegt, oder ist er schon begraben?«

»Nein, noch nicht, wir haben auf dich gewartet. Er liegt in dem Kellerraum, den du schon kennst.«

»Wann und von wem wurde er gefunden?«

»Wie mir berichtet wurde, waren es zwei Bauernjungen, die auf dem Weg zum Kloster waren. Sie sind dann mit dem Wildhüter zur Fundstelle gegangen. Werner weiß also, wo es geschehen ist. Dann haben ihn zwei Knechte ins Kloster geholt.«

»Dann werde ich so bald wie möglich mit ihm hingehen. Jetzt könnte ich die Hilfe eines jungen Mannes brauchen, der ein bisschen hart gesotten ist, denn was wir tun müssen, ist nichts für Zartbesaitete.«

Unter den Knechten, die im Kloster arbeiteten, fand sich ein junger, kräftiger Mann mit rotblondem Haar namens Willem, der die Aufgabe übernahm. Er schien keinerlei Scheu vor dem Pater zu empfinden. Seine Bereitschaft wurde sicher dadurch befördert, dass die Äbtissin ihm eine Belohnung versprochen hatte. Wieder musste Antonius an Ruprecht denken, dessen Hilfe er immer noch vermisste. Er warnte den Jungen noch einmal vor, dann gingen sie zum Keller. Man hatte ihnen Lampen mitgegeben. Als sie den Raum betraten, stellte Antonius beruhigt fest, dass sich der Geruch noch in Grenzen hielt. Dafür war der Anblick des Toten umso schlimmer. Ihm war die Schädeldecke mit einem stumpfen Gegenstand so eingeschlagen worden, dass

Gehirnmasse ausgetreten war. Diese Verletzung musste sofort zum Tod geführt haben, denn sonst war er, dem Augenschein nach, unversehrt. Der junge Mann, inzwischen sehr blass, versuchte krampfhaft, sein Würgen zu unterdrücken und zwang sich, genau hinzusehen, genau so wie Antonius, der auch tief betroffen war, hatte er doch Jan erst vor kurzem kennen gelernt. Dieser flinke, leichtfüßige Mann, der so unbeschwert schien, lag nun als übel zugerichtete Leiche vor ihm. Eine genauere Untersuchung schien sich zu erübrigen, da die Todesursache so klar vor ihm lag. Mehr aus Pflichtgefühl schnürte Antonius Jans Jacke auf, zog ihm die Hosenbeine etwas hoch, als er etwas entdeckte. Quer über beide Unterschenkel auf der Vorderseite war ein dünner, schwarzer Streifen zu sehen. Der konnte nicht von einem festen Gegenstand stammen, denn er ging außen etwas um die Beine herum. Er zeigte die Striemen seinem Begleiter, der meinte, sie stammten von einer Peitsche.

»Das glaube ich nicht. Dazu sind die Striemen zu fein.«

»Dann können sie nur von einem Draht stammen, der aber noch feiner ist als der, den wir in der Landwirtschaft brauchen. Vielleicht ist Jan gegen den gespannten Draht gelaufen und gefallen.«

»Und er ist vornüber aufs Gesicht gefallen, denn das ist voll Lehm.«

»Seine Kleidung ist vorne auch nicht besonders sauber.«

»Dann müssen wir ihn wohl oder übel umdrehen, um die Rückseite seiner Kleidung zu betrachten«, sagte Antonius, nicht ohne einen ängstlichen Seitenblick auf Willem, der sich aber soweit gefasst hatte, dass er, ohne zu zögern, mit anpackte. Tatsächlich war seine Kleidung am Rücken sehr sauber.

»Was haben wir bis jetzt herausgefunden?« Antonius fing an, an den Fingern seiner linken Hand die Punkte abzuzählen, »Jan lief wie üblich durch den Wald, den er wie seine eigene Tasche kannte. Dann stolperte er über einen quer gespannten dünnen Draht und fiel kopfüber aufs Gesicht. Dann muss jemand, der auf ihn gewartet hatte, aus dem Dickicht gesprungen sein und ihm, als er noch dalag, den Schädel eingeschlagen haben.«

»Warum tut jemand so was?«

»Ich sehe im Augenblick zwei Möglichkeiten: Entweder hat er sich jemanden zum Feind gemacht, oder er hat etwas beobachtet, was niemand sehen sollte.«

Willem schien eine Weile nachzudenken. Er zog seine jugendliche Stirn in Falten, nach einer Weile sagte er:

»Ich weiß nur, dass Jan ab und zu in den Wald ging und sich ein Kaninchen oder einen Hasen holte, die er manchmal gegen andere Sachen eintauschte.«

»Und wie machte er das?« fragte Antonius unschuldig. »Hatte er eine Waffe, um die Tiere zu erlegen?«

»Ich glaube nicht. Er stellte wohl Fallen oder so was Ähnliches.«

»Also mit einfachen Worten: Er war ein Wilderer. Und das gefiel manchen Leuten sicher nicht. Weißt du vielleicht, wo er seiner Tätigkeit nachging? Der Wald hier herum gehört ja wohl dem Kloster.«

»Das weiß ich nicht so genau. Den Klosterwald kannte er auf jeden Fall durch und durch.«

Antonius stellte dem Jungen keine weiteren Fragen. Er wollte verhindern, dass die anderen Diener und Klosterinsassen zuviel von seinen Gedanken erführen. Er musste sich zuerst an die Äbtissin wenden und alles mit ihr besprechen. Dann würde er schon sehen, wie er weiter vorgehen müsste.

Die hohe Frau stellte dieselbe Frage wie ihr Knecht Willem: »Warum tut jemand so was? Und wer ist dieser Jemand?«

»Mit Verlaub, wir dürfen nicht ausschließen, dass dieser Mord mit dem an Katharina zusammenhängt. Es sind zwar verschiedene Mordwerkzeuge verwendet worden, aber ich komme von dem Gedanken nicht los, dass wir es mit ein und demselben Täter zu tun haben.«

Der Äbtissin war anzumerken, wie schwer es ihr immer noch fiel, von ihrer Teufelsgeschichte Abschied zu nehmen. Nach einigem Zögern sagte sie mit leiser Stimme: »Also hat der Täter bewusst die Teufelsgeschichte benutzt, um uns zu täuschen. In Wirklichkeit hatte er einen ganz anderen Grund, Katharina zu töten.«

»Das habe ich, wie ihr ja wisst, von Anfang an gedacht. Bei Teufels- und Hexengeschichten bin ich sowieso sehr misstrauisch.«

»Aber was veranlasst dich, beide Morde zusammen zu sehen? Denkst du wirklich an einen Täter?«

»Das ist im Augenblick nur ein Gefühl, eine Ahnung. Da ist zunächst die zeitliche Nähe beider Taten. Aber das könnte auch Zufall sein. Aber ich werde den Gedanken nicht los, dass der Bauer Jan etwas gesehen hat, was er nicht sehen sollte. Vielleicht hat Jan sogar versucht, aus seinem Wissen etwas zu machen. Und das gefiel dem Mörder Katharinas gar nicht. Ich trage nur euch diesen Gedanken vor, und ich schlage vor, dass er auch unter uns bleibt. Wir wissen ja nicht, wo der Täter ist. Er kann etwas mit dem Kloster zu tun haben. Deshalb darf er auf keinen Fall ahnen, dass wir ihm auf der Spur sind.«

»Du sprichst immer von dem Täter – du glaubt also nicht, dass es eine Täterin ist?«

»Ich kann mir nicht vorstellen«, sagte Antonius mit Bestimmtheit, »dass eine Frau so brutale Morde verübt. Dass Frauen mit Gift einen Menschen töten, kommt vor, aber nicht mit einem Knüppel wie bei Jan. Und auch die Verletzungen Katharinas stammen meiner Meinung nach von einem Mann. Aber beweisen kann ich nichts.«

»Das bedeutet, dass du noch einige Zeit bei uns bleiben musst. Willst du das? Und was sagt Abt Ägidius dazu?«

»Ich glaube nicht, dass er etwas dagegen hätte. Im Übrigen kennt er mich so gut und weiß, dass ungelöste Rätsel mir ein Gräuel sind. Aber vielleicht könntet ihr ihm einen Brief schreiben und ihn bitten, mich noch für eine gewisse Zeit zu beurlauben. Und wenn ihr erlaubt, nehme ich, soweit ich kann, an den Gebetszeiten teil und schaue mich um, innerhalb und außerhalb des Klosters.«

»Das sei dir gerne gestattet. Und wenn du sonst noch Hilfe brauchst, zögere nicht, darum zu bitten.«

»Ich werde wahrscheinlich den Jagdhüter brauchen, der sich hier genau auskennt.«

»Gewährt. Und nun geh in Frieden!«

Frieden war genau das, was Antonius jetzt brauchte. Es war schon so spät geworden, dass die Schwestern zur Vesper zusammenkamen. Die Zeit bis zur Komplet nutzte Antonius zum Nachdenken. Dazu blieb er in der Kirche sitzen, auch um nicht angesprochen zu werden oder jemanden anzusprechen. Das Alleinsein tat ihm gut. Er ging die Ereignisse des Tages noch einmal durch. Gegenüber der Äbtissin hatte er ja schon von einem gemeinsamen Nenner der beiden Verbrechen gesprochen. Doch ihm fehlte ein überzeugender Beweis. Ob Jan wohl ein Erpresser war? Ein hartes Wort! Vielleicht hatte er irgendwo mit seinem Wissen geprahlt, und das war dem Täter zu Ohren gekommen und hatte ihm gar nicht gefallen. Er musste mehr über die Nachbarschaft Jans erfahren und auch mit seiner Frau sprechen. Das würde ihm sehr schwer fallen. Doch es musste sein. Gleich morgen früh würde er die Hinterbliebenen aufsuchen und sich auch in der Nachbarschaft umhören. Danach würde er mit dem Jagdhüter durch den Klosterwald und die Umgebung streifen bis zu der Stelle, an der Jan tot gefunden wurde. Die Zeit war wie im Flug vergangen, denn plötzlich ertönte die kleine Glocke, die zur Komplet rief.

Der junge Priester, ein großer, schlaksiger Kerl, der die Komplet leitete, ging danach auf Antonius zu und sprach ihn an:

»Ihr seid Pater Antonius vom Gladbacher Kloster, ich bin Walram, der Kaplan. Hättet ihr noch Zeit, mit mir etwas zu plaudern?«

Die Wortwahl erstaunte den Angesprochenen, aber da er sich sowieso vorgenommen hatte, mit dem zweiten Klostergeistlichen zu reden, stimmte er zu. Sie gingen in einen kleinen Raum am Kreuzgang, in dem nur ein Tisch und zwei Hocker standen. Walram nahm zuerst Platz, ohne auf Antonius zu warten, und fing auch sofort zu reden an.

»Ich halte es langsam nicht mehr aus hier. Deshalb habe ich meinen Abt gebeten, mich in unser Kloster zurückkehren zu lassen. Mit dem Prior komme ich noch einigermaßen zurecht, aber mit der Meisterin habe ich große Schwierigkeiten. Ich als Priester habe es doch nicht nötig, mir von ihr etwas vorschreiben zu lassen. Dauernd hat sie etwas an mir herumzunörgeln. Die Art, wie ich die Messe lese und das Chorgebet leite, ist ihr nicht feierlich genug, meine Predigten zeugten nicht von der rechten Glaubenstiefe und so fort. Dabei muss ich mir doch nicht von einer Frau sagen lassen, was Glaubenstiefe ist. Schließlich habe ich in Köln Theologie studiert und nicht sie.«

Hier musste Walram kurz Luft holen. Antonius hatte sich ruhig angehört, was sein Mitbruder zu sagen hatte, aber als er schwieg, fühlte der sich befeuert, weiter zu reden.

»Warum um alles in der Welt muss es Äbtissinnen geben? Warum kann man ein Frauenkloster nicht durch einen Prior leiten lassen? Dann hätten die Frauen einfach zu gehorchen, so wie es schon in der Bibel steht.«

Antonius kannte die ganze Leier der Scheinargumente über die Stellung der Frau zur Genüge, als dass er sich zu einer Antwort hinreißen ließ. Stattdessen fragte er:

»Hast du, verehrter Mitbruder, eine Ahnung, warum Katharina und Jan ermordet wurden? Ich muss den Täter oder die Täter finden, dazu hat mich die Äbtissin beauftragt. Wenn du etwas weißt, sage es mir.«

»Ich war nicht Katharinas Beichtvater. Die dummen Gänse gehen lieber zu meinem älteren Mitbruder. Vielleicht hoffen sie, dass sein Gehör nicht mehr so gut ist, als dass er alle ihre kleinen Sünden mitbekommt.«

Inzwischen hatte Walrams Gesicht eine solche Zornesröte angenommen, dass Antonius fürchtete, er würde einen Schlaganfall erleiden. Aber Mitleid empfand er nicht mit dem eifersüchtigen jungen Mann, der mit beiden Händen immer heftiger an seinem Halsausschnitt zog, als ob er keine Luft bekäme.

»Katharina war eine dumme Gans. Sie sah recht gut aus, das muss man ihr lassen. Aber ihr ständiges Hin und Her. ›Soll ich nun Nonne werden oder nicht?‹ war schon albern. Für mich gibt es nur ein klares Entweder – Oder.«

›Ist der nun wirklich ein so unreifes Bürschchen oder tut er nur so?‹ dachte Antonius. Dagegen sagte er laut:

»Wenn dir noch etwas einfällt, was mir helfen könnte, das Rätsel zu lösen, lass es mich wissen. Übrigens, vielleicht fällt dir etwas zum Bauern Jan ein.«

»Was habe ich mit einem solchen Bauerntölpel zu tun? Nichts fällt mir zu dem ein.«

Antonius musste sich zurückhalten, am liebsten hätte er Walram eine Ohrfeige verpasst, aber das gehörte sich nicht. So verabschiedete er sich mit einem kurzen: »Gute Nacht!«, ließ ihn einfach sitzen und ging in seine Zelle. Ganz gegen seine Gewohnheit dauerte es länger, in Schlaf zu fallen, so sehr hatte ihn das Gespräch aufgeregt.

10. Kapitel

In der Nacht

Gegen Mitternacht erhob sich in dem sonst so stillen Kloster ein ungewohnter Lärm. Eine junge Schwester, Theresa, hatte so laut geschrien, dass ihre Zellennachbarinnen es hörten und, alle klösterlichen Regeln außer Acht lassend, zu ihr eilten. Theresa wälzte sich schluchzend auf ihrem Lager hin und her und war nicht zu beruhigen. Dabei versuchte sie etwas zu sagen, doch das klang so unverständlich, dass die Schwestern sich keinen anderen Rat wussten, als die Mutter Äbtissin zu benachrichtigen. Diese kleidete sich notdürftig an und sah nach der Schwester. Zwischen allem Geschluchze und Gestöhne glaubte sie das Wort »beichten« zu verstehen. Die Sache schien dringend zu sein, deshalb fiel ihr Pater Antonius ein, der im Haus wohnte. Seine Zelle war am anderen Ende des Klostergevierts, und so wurde er durch heftiges Klopfen an seiner Tür aus dem Tiefschlaf gerissen. Aber seine Fähigkeit, sofort wach und klar zu sein, bewährte sich auch dieses Mal. Er erhob sich und öffnete seine Tür, vor der eine Schwester stand, die mit Mühe nach Luft schnappte.

»Pater Antonius, ihr müsst unbedingt kommen, Mutter Äbtissin verlangt nach euch!«

Die Gewohnheit, wenn er unterwegs war, im Habit, bis auf Skapulier und Kapuze, zu schlafen, war jetzt nützlich. Er schlüpfte in seine Sandalen und ging, so schnell er konnte, hinter der Schwester her bis zum Ort des Geschehens. Die Äbtissin, umringt von einigen aufgeregten Schwestern, ergriff sofort das Wort:

»Ihr Schwestern geht jetzt alle auf eure Zellen! Ich bitte mir vollkommene Ruhe aus. Pater Antonius, ich bin dir dankbar, dass du sofort gekommen bist. Unsere Mitschwester hier ist nicht zu beruhigen. Sie verlangt nach einem Priester. Bitte sei so gut, geh' zu ihr und rede mit ihr.«

Damit zog auch sie sich zurück und überließ Antonius allein das Feld. Als er die Zellentür öffnete, nachdem er angeklopft hatte, sah er ein Bündel Elend auf seinem Lager. Theresa hatte das Gesicht zur Wand gedreht, aber an ihren Körperzuckungen sah er, dass sie immer noch schluchzte. Sie trug ein weißes Nachthemd und war bis zu den Schultern mit einem groben Wollgewebe bedeckt. Er setzte sich auf einen Hocker und wartete erst einmal. Er räusperte sich so laut, dass sie ihn nicht überhören konnte, darauf wandte sie ihm ihr tränenüberströmtes Gesicht zu. Antonius schaute sie teilnahmsvoll an, sagte aber nichts. Sie schien sich etwas zu beruhigen und fing an zu reden, ab und zu noch von Schluchzen unterbrochen:

»Herr Pater, mir liegt etwas schwer auf der Seele. Ihr seid der Einzige, dem ich das anvertrauen kann. Ich weiß etwas von Katharina, das sonst niemand weiß. Sie hat mich streng gebeten, zu keinem darüber zu sprechen. Das belastet mich sehr.«

»Jetzt ist Katharina tot« begann Antonius leise, »und du darfst das Schweigen brechen, vor allem, wenn es mir hilft, das Verbrechen an ihr aufzuklären. Das, was du sagst, fällt unter das Siegel der Verschwiegenheit fast wie in der Beichte. Wenn ich von deinem Wissen Gebrauch machen muss, sage ich es dir vorher.«

Die sachliche Art des Mönchs half ihr, sich weiter zu beruhigen. Sie seufzte noch einmal tief.

»Also gut! Katharina hatte einen Liebhaber, mit dem sie sich regelmäßig traf. Manchmal war sie glücklich, manchmal auch unglücklich. Ob das an ihrem Freund oder an ihrer Berufung lag, weiß ich nicht. Auf jeden Fall war sie hin- und hergerissen.«

»Und wer war der Liebhaber?«

»Das kann ich nicht sagen.«

»Willst du es nicht sagen?«

»Nein, ich kann es nicht, weil ich es nicht weiß.«

Leider war es zu dunkel, als dass Antonius ihre Gesichtsfarbe sehen konnte. Er war von der Wahrheit der Antwort nicht völlig überzeugt. Aber es hatte keinen Sinn, weiter in sie zu dringen. So sagte er einfach:

»Ich danke dir für deine Offenheit. Ich bleibe dabei, ich werde über alles schweigen, so lange es geht.«

Daraufhin verließ er sie, nicht ohne ihr eine gute Nacht gewünscht zu haben. Das, was er gehört hatte, überraschte ihn nicht. Nachdenklich ging er den Kreuzgang entlang, an der Tür zu den Gemächern der

Äbtissin hielt er kurz inne und überlegte, ob er ihr etwas erzählen sollte. Dann dachte er an sein Versprechen und ging in seine Zelle.

***

Der nächste Morgen erschien Antonius wie eine Offenbarung nach den regnerischen Tagen. Bei den Morgenhoren* und der Messe schien die aufgehende Sonne durch die kleinen, rundbogigen Chorfenster und warf einen Widerschein der farbigen Gläser auf den Boden des Chores. So konnte er die drängenden Schritte an diesem Tag zwar nicht vergessen, aber sie buchstäblich in einem neuen Licht sehen. Übel blieb Übel, Böses blieb Böses. Das Gute, so hoffte Antonius, würde dennoch am Ende siegen. Er blieb noch ein wenig sitzen und sah, wie die Nonnen in Prozession mit der Äbtissin zum Schluss die Kirche verließen. Alle Schwestern außer der Äbtissin hatten, wie es ihnen beigebracht worden war, ihren Blick demütig vor sich auf den Boden gerichtet. Als Theresa an ihm vorbeiging, fiel ihm auf, dass sie zwar auch, wie die anderen, ihren Kopf nach vorne neigte, aber ihre Augen wanderten unruhig von rechts nach links, als ob sie etwas oder jemanden suchte.

Bald rief ihn die Pflicht. Die Äbtissin ließ den Jagdhüter auf den späten Vormittag bestellen, und Willem, der Knecht, bekam den Auftrag, vorher mit Antonius zum Bauernhof der trauernden Witwe zu gehen. Unterwegs war Antonius schweigsam. Willem hatte genügend Feingefühl, ihn nicht bei seinen Gedanken zu stören.

Das kleine Bauernhaus lag inmitten ähnlicher Gebäude in der kleinen Bauernschaft Damm. Die umliegenden Felder waren abgeerntet, jetzt waren nur noch die Stoppeln zu sehen. Das Haus selbst war nicht besonders gepflegt, da hätte Jan durchaus Hand anlegen können, der Garten aber, der links daneben lag, zeugte von einer ordnenden Hand. Gemüse aller Art wuchs in Reihen, Beerensträucher waren noch nicht ganz abgeerntet, Obstbäume trugen noch reiche Frucht, aber auch Blumen erfreuten das Auge an vielen Stellen. Es schien Antonius, als

---

* Stundengebete am Morgen: Laudes und Prim

ob der Garten die Domäne der Bauersfrau sei. Er klopfte an die Tür, während Willem sich auf die Bank vor dem Haus setzte. Die Tür wurde von einem etwa zwölfjährigen Mädchen geöffnet, das den Ankömmling aus großen, rotgeweinten Augen betrachtete.

»Ich bin Pater Antonius vom Gladbacher Kloster, die Äbtissin schickt mich, ich möchte gern mit deiner Mutter sprechen.«

»Mutter, da ist ein Pater für dich!« rief sie nach hinten.

»Dann lass ihn nur hereinkommen.« Die Stimme klang freundlich.

Antonius ging hinter dem Mädchen her in die Küche, in der die Frau am Herd beschäftigt war. Sie drehte sich um und wischte sich ihr feingeschnittenes Gesicht mit der Schürze ab. Ihr Kleid war einfach, von brauner Farbe und ordentlich gepflegt. Er stellte sich noch einmal vor. Sie ging zum Tisch in der Ecke, an dem auch die übrigen Kinder saßen, und bot Antonius einen Platz an. Dann setzte sie sich und sprach mit ruhiger Stimme zu den Kindern:

»Das Wetter ist so schön, geht doch nach draußen und spielt ein bisschen. Ich rufe euch nachher wieder herein.« Dann sah sie Antonius fragend an. Er war von dieser Frau eingenommen. Ihre trotz des schweren Schicksalsschlages ruhige Art, ihre Beherrschung machten einen tiefen Eindruck auf ihn. So fiel es ihm nicht mehr ganz so schwer, ein Gespräch zu beginnen.

»Ich möchte dir mein tiefes Mitgefühl ausdrücken.« Wie er diese vorgestanzten Formeln hasste! Aber manchmal musste man zu ihnen seine Zuflucht nehmen. »Ich habe Jan kurz kennengelernt, deswegen kann ich erahnen, wie groß der Verlust für dich und die Familie sein muss.«

»Ich danke euch, Pater. Euer Besuch tut mir gut. Die Nachbarn waren schon hier und haben ihre Hilfe angeboten, doch euer Besuch ist etwas Besonderes. Darf ich euch etwas zu trinken anbieten?«

»Ein Schluck Wasser wäre gut«, antwortete Antonius.

Die Frau ging zu einem Krug, füllte einen Becher ab und stellte ihn vor ihren Gast hin, der dankbar ein tiefen Schluck vom kühlen Wasser nahm. Dann sah er die Frau fragend an. Sie war froh, nicht sofort mit Fragen überschüttet zu werden.

»Jan war ein guter Mann und ein guter Vater. Er tat alles für uns.

Unser Land ist nicht sehr fruchtbar. Deshalb war es manchmal schwer, genug zu essen zu haben.«

Antonius ahnte, worauf sie hinauswollte. Er versuchte, ihr entgegenzukommen.

»Mir ist schon bekannt, dass er sich noch nebenher betätigte.«

»Ihr wisst es also schon. Eigentlich war es auch kein Geheimnis, wenigstens hier in unserer Nachbarschaft. Aber damit schafft man sich nicht nur Freunde.«

»Du glaubst also, dass er deshalb zu Tode gekommen ist?«

»Ich denke dauernd darüber nach. Ich kann mir keinen anderen Grund vorstellen. Ein Wilddieb lebt eben gefährlich.«

Antonius ließ sich nicht anmerken, ob er zustimmte oder nicht. Stattdessen fragte er:

»Sonst hatte er keine Feinde? Auch nur das kleinste Anzeichen könnte mir nützen, denn ich will alles tun, den Mörder deines Mannes zu finden.«

»Ihr als Pater? Ich dachte, ihr wolltet mir Trost spenden.«

»Das will ich auch, von ganzem Herzen«, beeilte sich Antonius zu sagen, »aber ich muss dir sagen, dass mich die Äbtissin hergebeten hat, um das Verbrechen aufzuklären.«

»Könnt ihr das denn?« Als sie es gesagt hatte, merkte sie, dass ihre Äußerung doch recht respektlos war. Sie wurde rot und wandte deshalb ihren Blick ab.

»Die Frage ist berechtigt. Eigentlich sollte sich ein Ordensmann wie ich um andere Sachen kümmern. Doch du musst wissen, dass ich in meinem Kloster bekannt bin als Aufklärer von Verbrechen. Da nennt man mich auch die »Spürnase«. Die Äbtissin wusste das, und deshalb hat sie mich eingeladen.«

Da musste die Frau lächeln; Antonius konnte sich denken, warum – seine Erscheinung war nicht die eines scharfsinnigen Spürhundes.

»Da fällt mir noch etwas ein, ich weiß aber nicht, ob es wichtig ist. Jan hat manchmal seine Jagdbeute bei unseren Nachbarn eingetauscht. Einer kann Korn brennen, und so hat er ab und zu einen über den Durst getrunken. Ich war ihm dann böse und habe mit ihm geschimpft. Heute tut es mir leid. Er war ein guter Mann.«

»Ich bin sicher, er nimmt deine Entschuldigung auch jetzt noch an. Aber wie geht es mit deiner Familie weiter?«

»Ich weiß es noch nicht. Ich hoffe, dass das Kloster mir erst mal die Abgaben erlässt.«

»Ich werde es der Frau Äbtissin sagen, ich bin sicher, dass sie das tun wird. Ich muss dich jetzt verlassen. Wenn dir noch etwas einfällt, ich bin noch ein paar Tage im Kloster. Lass mir eine Nachricht zukommen.«

Er gab ihr die Hand und drückte sie fest. Sagen wollte er nichts. Als er vors Haus trat, sah er die Kinder fröhlich in der Sonne Seilchen springen. Was für ein friedliches Bild! Das bedrückte Antonius noch mehr. Willem schloss sich ihm an auf dem Weg zum Kloster. Zur Befragung der Nachbarn hatte er keine Zeit mehr, die musste er später nachholen.

Werner, der Jagdaufseher, wartete schon auf ihn. Er war wie beim letzten Zusammentreffen, seinem Beruf entsprechend gut gekleidet, seine Mütze bedeckte nur teilweise sein lockiges Haar. Antonius konnte diesem Mannsbild seine Bewunderung nicht versagen. Sie machten sich sofort in den Klosterwald auf, Werner ging leichtfüßig vor Antonius her, nicht zu schnell, damit dieser ihm folgen konnte. So kamen sie an die Stelle, an der man Jan gefunden hatte. Der Weg war etwas breiter, zwei Personen hätten aneinander vorbei gehen können. Werner deutete nur stumm auf die Fundstelle und blieb stehen. Es war heller Tag, es fiel genug Licht auf den Weg, aber wenn Abenddämmerung herrschte, musste man sich auf seine Ortskenntnis verlassen. So war es möglich, ja wahrscheinlich, dass Jan den Draht übersehen hatte. Der war inzwischen entfernt worden. Das Vogelgezwitscher, das sie umgab, klang so friedlich, als ob hier nie so etwas Schreckliches wie ein Mord geschehen könnte.

»Wie glaubst du, ist es geschehen?«, fragte Antonius, »Ich kann mir nicht vorstellen, dass dieser Kenner des Waldes hier auf dem breiten Weg so einfach hinfällt.«

»Ich auch nicht«, gab der Wildhüter zu, »es könnte ja sein, dass ein Ast quer über dem Weg lag und er darüber gestolpert ist. Vielleicht ist er so unglücklich auf einen Stein gefallen, dass er sofort tot war.«

Antonius ließ sich nicht anmerken, dass ihm diese Aussage komisch vorkam, aber es mochte sein, dass sich Werner den Toten nicht so genau angesehen hatte. Er sah sich noch einmal gründlich um, aber konnte nichts finden, was auf das Verbrechen hindeutete. An beiden Seiten des Weges standen genügend kräftige Bäume, zwischen denen ein Draht hätte befestigt werden können. Aber zwischen welchen war nicht mehr zu sehen.

»Auf wessen Gebiet sind wir hier eigentlich? Ist das hier noch Klosterwald oder der Besitz eines anderen?«

»Wir sind hier an der Grenze zur Herrschaft Neersen. Hier hat es schon oft Streitigkeiten zwischen der Äbtissin und dem Herrn von Neersen gegeben, in denen es um das Jagdrecht ging. In letzter Zeit habe ich nichts mehr gehört, aber vielleicht liegt es daran, dass wir noch keine Jagdzeit haben. Wie es im Herbst sein wird, kann man noch nicht sagen.«

Auf dem Rückweg hing jeder seinen Gedanken nach. Kurz bevor sie das Kloster erreicht hatten, verabschiedete sich Werner und ging davon. Antonius nahm sich vor, mit den Männern, die Jan gefunden hatten, zu sprechen. Die Sext war gerade vorbei, die Mahlzeit davor auch. Er nahm diese Kasteiung auf sich, obwohl ihm der Magen knurrte. Es gab nur eine Möglichkeit, er musste einen Gang durch den Klostergarten machen, um nachzudenken. Und es war ja nicht auszuschließen, dass die eine oder andere Frucht an den Bäumen hing, die darauf wartete, ihn zu stärken.

Er hatte nach den beiden jungen Männern schicken lassen, die den Toten gefunden und hergebracht hatten. Sie erschienen kurz vor der Non, und Antonius ließ ihretwegen das Stundengebet aus. Er fragte sie nachdrücklich über alles aus, was sie gesehen hatten, aber er hörte nichts Neues. Er musste die Äbtissin nach den Auseinandersetzungen mit dem Herrn von Neersen fragen. Sie reagierte äußerst kühl auf diese Frage, war aber dann doch zu einer Auskunft bereit.

»Du weißt wahrscheinlich, dass unser Kloster mit einem Vorgänger von Abt Ägidius Streit um die Nonnenmühle hatte. Ich selbst hatte mit Abt Johann auch meine Schwierigkeiten. Ich vermute, dass er nicht gerade freundlich über mich gesprochen hat.«

›Das war tatsächlich so‹, dachte Antonius. Im kleinen Kreis hatte der Abt sich recht drastisch über die hohe Frau geäußert, er konnte sich noch an das Wort vom *Besen* erinnern.

»Aber zurück zur Sache: Mit dem hohen Herrn Virmundt von Neersen gab es häufiger Krach um das Jagdrecht. Er bekam es fertig, einen Hirsch oder ein Reh bis in den Klosterwald zu verfolgen. Und das wurde mir dann von meinem Jagdhüter gemeldet. Ich habe immer wieder heftig protestiert und mit einem Prozess gedroht, aber du weißt ja, wie schwierig so etwas ist, denn Neersen ist eine Unterherrschaft des Erzbischofs, während wir zum Herzogtum Jülich gehören. Der Herr von Virmundt glaubt wohl, dass er das mit Frauen machen kann, aber beim nächsten Zwischenfall wird er meine Zähigkeit zu spüren bekommen.«

Da musste Antonius ihr innerlich Recht geben, er blieb aber ernst und fragte nach:

»Könnt ihr euch vorstellen, dass der Bauer Jan ein Opfer dieser Streitigkeiten geworden ist? Wir wissen ja, dass er sich trotz strengem Verbots ab und zu ein Tier aus dem Wald holte.«

»Er hat sich dabei an Niederwild gehalten, etwas anderes konnte er gar nicht jagen. Und darüber kann ich mich nicht aufregen. Aber es könnte sein, dass der Graf das anders sieht und ein Exempel statuieren ließ. Aber wie will man das beweisen?«

»Das weiß ich auch nicht. Ich kann ja nicht einfach zu ihm hingehen und ihn fragen. Er würde mich achtkantig rausschmeißen.«

»Es kann sein«, sagte die Äbtissin nach einer Pause, »dass unser Wildhüter etwas weiß. Du kannst ihn ja danach fragen.«

Gesagt, getan. Werner wurde noch einmal gerufen. Er erschien prompt und erwartete, wie immer, in anmutiger Haltung Antonius' Fragen.

»Ich vermute, die Äbtissin übertreibt ein wenig. Was vorkam, ist, dass die Treiber von Graf Virmundt, also Bauern hier aus der Gegend, die Grenze überschritten, um das Wild auf die Neersener Herrschaft zurückzutreiben, aber die Jagdgesellschaft blieb immer schön auf dem eigenen Gebiet. Doch der arme Jan hatte damit überhaupt nichts zu tun.«

Schon wieder eine Sackgasse. Antonius war kurz davor, zu verzweifeln. Dann erinnerte er sich daran, dass er schon häufig nach längerer Dunkelheit auf ein Licht warten musste, das am Ende fast immer zu sehen war. Es blieb ihm nichts übrig, als sich in Geduld zu fassen.

Nach der Komplet, als Antonius sich schon auf seinem Lager ausgestreckt hatte, erhob sich wieder Lärm. ›In was für einem Taubenschlag bin ich hier gelandet? So viel nächtlichen Tumult bin ich in meinem Kloster nicht gewohnt.‹ Er erhob sich mit Mühe und öffnete seine Zellentür. Da lief ihm auch schon eine Schwester entgegen. »Theresa ist weg«, war alles was sie hervorbringen konnte. Er dachte an das Verhalten Theresas am Morgen und ging hinter der Schwester her. Er erlebte noch gerade eine schimpfende Odilia, die sich endlich Ruhe ausbat. Die trat dann nach und nach ein.

»Jetzt ist Schwester Theresa verschwunden. Nimmt das hier denn gar kein Ende? Pater Antonius, was sollen wir tun?«

So weit war es also schon gekommen, dass sie die Verantwortung an ihn weitergab. Er antwortete vorsichtig:

»Ich schlage vor, sie sofort suchen zu lassen. Wenn sie in Gefahr ist, dürfen wir keine Zeit verlieren.«

Odilia konnte sich diesem Rat nicht verschließen. Sie ließ die Knechte wecken und mit Fackeln ausstatten, damit sie im Klosterwald alles absuchen konnten. Der oberste Knecht, ein altgedienter Mann mit einem eisgrauen Bart übernahm das Kommando und schickte die anderen in Gruppen zu dritt los in die verschiedenen Richtungen. Den Schwestern und Antonius blieb nichts, als sich in Geduld zu fassen.

Da kam ihm noch der Gedanke, im Kloster selbst, in den Haupt- und Nebengebäuden, suchen zu lassen, ob Theresa nicht in irgendeinem Winkel etwas zugestoßen war und sie aus eigener Kraft nicht mehr herauskam. So wurden auch einige Nonnen mit Lichtern ausgestattet und auf den Weg geschickt. Nach einer halben Stunde kamen sie zurück – ohne Ergebnis. An den Spinngeweben auf ihren Schleiern war zu sehen, dass sie wirklich in die letzten Winkel geschaut haben. Also gab es im Kloster tatsächlich Stellen, an denen es mit der Sauberkeit haperte. Dieses Gedankens konnte sich Antonius trotz der ernsten Lage nicht enthalten.

Die Männer brauchten länger. Sie trafen nach und nach ein. An ihren Gesten konnte jeder erkennen, dass sie nichts gefunden hatten. Sie warteten aber auf den Oberknecht, der sich vor der Äbtissin leicht verbeugte und meldete, dass sie keine Spur von Theresa entdeckt hatten. Antonius und Odilia hatten gewartet; der Mönch in der Kirche und die Äbtissin in ihren Gemächern. Er musste wohl leicht eingenickt sein, denn als er gerufen wurde, schreckte er in seinem Kirchenstuhl auf und erhob sich, nachdem er seine steifen Glieder gereckt hatte. Er kam gerade, als Odilia Anweisungen gab, dass sich die Knechte am frühen Morgen wieder versammeln und mit Unterstützung einiger Bauern und des Jagdhüters erneut auf die Suche begeben sollten.

***

Theresa wusste nicht, wo sie war. Der Raum, der sie umgab, war vollkommen dunkel. Es roch etwas muffig, so wie ein Keller, in dem Vorräte aufbewahrt wurden. Eine grobe Decke schützte sie vor der Kühle. Sie lag auf einer Liege und wartete. Wartete auf den, der sie hierher geführt hatte. Ihr Zeitgefühl war ihr abhanden gekommen. Theresa wusste nicht, wie lange sie schon hier war. Sie war nicht gefesselt, sie konnte aufstehen, sich vorsichtig bis zur Wand vortasten, die aus grob vermauerten Ziegelsteinen bestand. Sie war bis zu einer Tür vorgedrungen, die sich nicht öffnen ließ. Theresa wagte es nicht, mit der Faust gegen die Tür zu schlagen und damit ihren Besucher zu verärgern, der in gewissen Abständen zu ihr kam. Jedes Mal hatte er ein Licht dabei, das er in der Nähe der Tür auf einen Mauerabsatz in Kopfhöhe stellte. So konnte sie ihn nur schemenhaft erkennen. Er war nicht unfreundlich zu ihr, er brachte ihr zu Essen und zu Trinken. Zu Anfang hatte er einen Kübel dabei, den er in eine Ecke stellte. Er deutete an, dass sie in ihm ihre Notdurft verrichten konnte. Das war ihr zuerst unangenehm, doch die Natur verlangte ihr Recht, und so benutzte sie ihn. Er nahm ihn mit, leerte ihn offensichtlich und brachte ihn wieder zurück. Den Schleier hatte er ihr abgenommen, und sie fragte sich, wie sie wohl aussah mit ihren kurz geschnittenen Haaren.

Immer legte er ihr beruhigend die Hand auf die Stirn. Diese Geste tat auch ihre Wirkung. Sie fühlte sich nicht wie eingesperrt, sie kam sich – so widersinnig das erscheinen mochte – geborgen vor. Wenn ab und zu für einen kurzen Augenblick Panik bei ihr aufkam und zu plötzlichen Schweißausbrüchen führte, dann tröstete sie sich. So war das eben, wenn jemand sie für sich haben wollte. So etwas hatte sie bisher noch nie erfahren.

Zeit zum Nachdenken hatte sie mehr als genug. Sie musste sich eingestehen, dass sie neulich in der Nacht Pater Antonius doch nicht die volle Wahrheit gesagt hatte. Sie wusste mehr über Katharina und ihren Liebhaber, als sie zugegeben hatte. Ihre Verschwiegenheit war aber keine Rücksicht gegenüber ihrer Mitschwester, sondern hatte einen anderen Grund. Sie hatte Katharinas Ausflüge immer wieder beobachtet, bis sie herausfand, mit wem sie sich traf. Der Anblick der beiden ließ in ihr die Eifersucht aufsteigen. So vollkommen hatte sie, obwohl sie schon länger im Kloster war und die zeitlichen Gelübde[*] abgelegt hatte, den irdischen Verlockungen noch nicht entsagt. Man hatte sie vor den Versuchungen des Teufels gewarnt, dennoch, das Böse übte eine seltsame Faszination aus. Und gerade das Zusammensein mit einem Mann kam ihr so erstrebenswert vor, dass sie Katharina ihre Verabredungen neidete. Warum sie und nicht ich? Da kam ihr, so grausam es war, der Tod ihrer Mitschwester gerade recht. Und sie gehörte zu denjenigen, die in dem grausamen Verbrechen das Wirken des Teufels sahen und nicht das eines Menschen. Und vor dem Teufel würde sie sich schon in acht nehmen.

Katharina war schon fast drei Monate tot. Sie grübelte darüber nach, wie sie es wohl anstellen könnte, Kontakt zum Liebhaber der Toten zu knüpfen. Immer hielt sie Ausschau, ob sie ihn irgendwo fände. Sie wagte es nicht, die schützenden Klostermauern zu verlassen, nicht nur weil sie Angst hatte, sondern auch weil sie fürchtete, von der gestrengen Äbtissin herbeizitiert zu werden. Es war sogar möglich, dass die Meisterin, die ein feines Gespür für die Seelenzustände ihrer Schwestern hatte, schon ein wachsames Auge auf sie warf.

* Vorstufe zu den »ewigen Gelübden«, die nicht mehr zeitlich befristet sind.

Da kam ihr der Zufall zu Hilfe. Als sie von einem Gang durch den Klostergarten zurückkam, steckte ihr jemand einen kleinen Zettel zu. Das geschah so blitzschnell, dass sie gar nicht sah, wer derjenige war. Sie ließ den Zettel in ihrem Habit verschwinden und ging weiter, als sei nichts geschehen. Zur Non musste sie in die Kirche, Gebet und Gesang nahm sie kaum wahr, sie hatte das Gefühl, der Zettel brenne in ihrer Tasche. So war sie froh, nach dem Chorgebet in ihre Zelle gehen zu können, um ihn dort endlich hervorzuholen. Er war zweimal gefaltet, ihre Hände zitterten, als sie ihn öffnete. Dann las sie:

»Willst du dich mit mir treffen? Ich möchte dir etwas Schönes zeigen. Wenn du ja sagst, trage ein weißes Tüchlein in der linken Hand. W.«

Sie merkte, wie die Ader in ihrer Schläfe zu pochen anfing. Sie ahnte, wer »W.« war. Katharinas Liebhaber. Etwas, das sie kaum zu hoffen gewagt hatte, war in Erfüllung gegangen. Das konnte nur eine gute Fügung sein. Alle Gedanken an etwas Unschickliches blendete sie aus. Ihre Mitschwestern trugen häufig solche Tücher, um sich in der Sommerhitze den Schweiß aus dem Gesicht zu wischen. Sie suchte sich ein besonders feines, mit Spitzen besetztes aus und trug es in der linken Hand mit sich herum. Dann hielt sie Ausschau.

Kurz danach, als sie gerade mit Gartenarbeit beschäftigt war, die zum Tagesablauf ihres Ordenslebens gehörte und ihr eine willkommene Abwechslung war, kam er auf sie zu. Es schien so, als wolle er ihr einen Ratschlag geben, wie sie am besten die Hacke halten sollte, um es sich leichter zu machen. In Wirklichkeit flüsterte er ihr zu:

»Heute Abend. Seitentürchen in der Klostermauer. Es ist nicht verschlossen. Bitte, komm.«

Sie war gegangen, als es dunkel war; niemand bemerkte es. Er wartete hinter der Mauer. Und sie ging einfach mit.

***

In Engelbleck war nach und nach wieder normales Leben eingekehrt. Gretchen und ihre Familie waren zurückgekommen, sie verließ kaum das Haus, nur beim Wasserholen hinkte sie zum Brunnen; sie schöpfte, ohne auch nur aufzusehen oder mit den anderen Frauen zu sprechen. Sie versuchte, keine Schwäche zu zeigen.

Nur Pitter hatte sich verändert. Er strahlte eine stumme Autorität aus, dass Lieschen es nicht wagte, ihn wie früher zu drangsalieren. Sie betrachtete ihn aus den Augenwinkeln. Ein wenig fürchtete sie sich vor ihm. Sie musste sich auch eingestehen, dass sie eigentlich einen solchen Mann wollte und nicht einen Fußabtreter, auf dem sie herumtrampeln konnte. Hatte sie sich etwas vorzuwerfen? Sie hatte, das ist wahr, Gretchen das Böse an den Hals gewünscht, hatte sich sogar ausgemalt, wie es wäre, wenn Gretchen als Hexe verurteilt würde, doch den letzten Schritt hatte jemand anderes getan. Ihr Mann schien sie im Verdacht zu haben, die Verräterin zu sein, deshalb war er so abweisend zu ihr. Das ganze Geschehen verstieß gegen sein Gerechtigkeitsgefühl. Er hatte, wie alle anderen in der Bauernschaft, keine Bildung genossen, doch die sonntäglichen Predigten, wenn sie denn einmal stattfanden, hinterließen ihre Wirkung. Da war oft von Nächstenliebe die Rede und Vergebung, ja, dass man sogar seinem Feind vergeben sollte. Wie oft waren diese Worte weit vom alltäglichen Leben entfernt? Neid und Missgunst beherrschten das Leben, auch in ihrer Bauernschaft. Unter diesem Zwiespalt litt er, und so wollte er selbst wenigstens etwas dagegen tun. Das fing damit an, dass er Gretchen und ihre Familie grüßte und ihnen seine Hilfe anbot. Diese Hilfe war auch willkommen, da Gretchen noch sehr unter den Folgen der Folter litt und ihre Arbeitskraft deshalb eingeschränkt war. Er half im Stall oder auf dem Feld, ohne große Worte zu machen. Lieschen beobachtete alles genau und ließ ihn gewähren. Sie war nicht unzufrieden.

***

Antonius ahnte nichts von dem, was Schwester Theresa in den letzten Tagen bewegt hatte. Es ist richtig, er war ein wenig misstrauisch gegenüber ihren Äußerungen neulich in der Nacht, er war auch etwas befremdet über ihre Art, in der Prozession nach allen Seiten zu schauen, aber seine Erfahrungen mit der weiblichen Seele waren zu gering, als dass er eine wirkliche Erklärung für Theresas Verhalten gefunden hätte. Die Suche nach ihr war ohne Ergebnis geblieben, man tappte völlig im Dunkeln.

Am Morgen entschloss er sich, zur Äbtissin zu gehen und sie um Erlaubnis zu bitten, Theresas Zelle genauer untersuchen zu dürfen. Das fiel ihm nicht leicht, eigentlich hasste er es, in den persönlichen Dingen anderer Menschen herumzuwühlen, dazu noch bei einer Frau, aber was blieb ihm noch übrig?

Frau Odilia schien seine Skrupel nicht zu teilen, sie gab ihm bereitwillig die Erlaubnis zur Untersuchung und betonte sogar, dass sie selbst nicht dabei sein wollte. Anscheinend war ihr Vertrauen zu Antonius inzwischen gewachsen, etwas, das er mit Zufriedenheit zur Kenntnis nahm. Aber so ganz alleine wollte er nicht in Theresas Zelle gehen, deshalb bat er darum, dass eine Schwester ihres Vertrauens dabei sein solle. So wurde ihm Schwester Hildegundis beigegeben, eine etwa vierzigjährige, große Frau von knochigem Körperbau und nüchternem Wesen, die nicht zur Redseligkeit neigte. Das war Antonius gerade recht.

Theresas Zelle lag im ersten Stock des südlichen Kreuzgangflügels, sie maß etwa 15 mal 10 Fuß, ein kleines Fenster öffnete sich zum Kreuzgang hin. Die Bettstatt lag gleich hinter der Tür, sie war ordentlich gemacht, wie überhaupt dic Zelle einen sehr ordentlichen und peinlich sauberen Eindruck machte. Vor dem Fenster stand ein kleiner Tisch mit Schreibutensilien, vor dem Tisch ein Hocker. Links davon, gegen die Wand gelehnt, ein Betschemel, über dem ein einfach gestaltetes Kruzifix hing. Links von der Tür waren Kleiderhaken aus Holz, an denen ein Ersatzhabit hing. Eine Truhe links vom Betschemel enthielt augenscheinlich ihre persönlichen Sachen. Antonius probierte, ob sie verschlossen war, aber der Schlüssel steckte. Sein nächster Blick fiel auf das Tischchen, auf dem ein Gebetbuch und einige Blätter lagen. Die Blätter waren unbeschrieben, das Gebetbuch enthielt einige Zettel mit Kupferstichen verschiedener Heiliger. Irgendwelche Zeugnisse von Schreibarbeiten Theresas waren nicht zu finden.

Antonius bat Hildegundis, das Bett aufzudecken und auch den Strohsack anzuheben, zu finden war aber nichts. Dann musste wohl oder übel die Truhe geöffnet werden. Sie war etwa zur Hälfte mit sorgfältig gefalteter Leinenwäsche gefüllt. Oben auf der Wäsche lag ein Utensil, das für Frauen unverzichtbar schien, auch wenn sie im Kloster waren und jeglicher Eitelkeit abgeschworen hatten, ein Handspiegel, mit der Vorderseite nach unten. Die Rückseite und der Griff waren aus feinziseliertem Silber, das wertvolle Stück stammte wohl aus dem Familienbesitz. Auf seine Bitte hin hob Hildegundis die Wäschestücke an, aber nirgendwo fand sich auch nur der kleinste Hinweis auf etwas Privates. Wenn es ein Geheimnis um Schwester Theresa gab, dann gab die Zelle darüber keine Auskunft. Antonius ließ noch einmal seinen Blick durch den ganzen Raum schweifen, Hildegundis tat es ihm nach, dann traten sie auf den Gang hinaus.

»Welchen Eindruck hast du, Schwester, von der Person, deren Zelle wir gerade durchsucht haben ohne einen Hinweis auf ein Geheimnis, das zu ihrem Verschwinden geführt hat?«

Hildegundis räusperte sich zuerst, so als habe sie ihre Stimme längere Zeit nicht gebraucht und fing dann an zu reden, und zwar in einer so formvollendeten Sprache, dass Antonius aufhorchte.

»Es widerstrebt mir, mich um die höchstpersönlichen Angelegenheiten meiner Mitschwestern zu kümmern. Ich bin nur aus Gehorsam gegen die Mutter Äbtissin mit dir gegangen. Aber in Anbetracht der Tatsache, dass Theresa etwas zugestoßen sein könnte, will ich über meinen Schatten springen. Alles, was ich jetzt sage, dient nur dazu, sie wiederzufinden. Sie erschien mir immer als eine etwas eitle Person. Sie hatte die Eigenart, immer auf die Wirkung zu schielen, die sie bei anderen erzeugte. Vor allem vor der Äbtissin war sie darauf bedacht, einen guten Eindruck zu machen. Sie hat sich, soweit ich weiß, nie etwas zuschulden kommen lassen. Ihr Lebenswandel war untadelig. Dennoch bleibt ein ungutes Gefühl. Ich weiß nicht, ob alles so echt bei ihr war.«

Antonius hatte ihr die ganze Zeit still zugehört und sie dabei angeschaut. Ihre nüchternen Gesichtszüge verrieten keine Gefühle, wenigstens nicht dem oberflächlichen Betrachter. Er war eigentlich froh, Hildegundis gefunden zu haben, vielleicht konnte er sie um Rat fragen, wenn er nicht mehr weiter wusste.

11. Kapitel

Einige Tage später

Antonius tappte immer noch völlig im Dunkeln. Eigentlich wollte er schon aufgeben, so wenig Hoffnung hatte er. Er zerbrach sich den Kopf und fragte sich, ob er irgendetwas übersehen hatte. Er ging noch einmal die Ereignisse mit den zwei Todesopfern und dem Verschwinden von Theresa durch. Er war sicher, dass zwischen den Verbrechen ein Zusammenhang bestand, ja er glaubte an denselben Täter. Was wusste er? Katharina hatte sich regelmäßig mit einem Mann getroffen und war auf bestialische Weise umgebracht worden. Er glaubte nicht an das Wirken des Teufels, auch wenn er wusste, dass der Täter den Anschein zu erwecken versucht hatte. Vielleicht war der Mann ihrer überdrüssig geworden und hatte sie deshalb beseitigt und durch die Art der Tat von sich abzulenken versucht. Er selbst und Jan waren bei der Überprüfung des Tatortes beschossen worden. Das war kein Zufall, sondern der Täter wollte so die Untersuchungen behindern. Selbst wenn er nicht die Absicht hatte zu töten, war die Drohung klar: Lasst die Finger von einer Aufklärung der Tat. Der Schuss stammte aus einer Armbrust, eine Waffe, die nicht jeder hatte, aber die man sich mit einigem Geschick beschaffen konnte, wenn man Zugang zu den richtigen Leuten hatte. Warum wurde Jan später umgebracht? Hatte er etwas herausgefunden, was er nicht sollte? Hatte er vielleicht sogar versucht, den Täter, den er erkannt hatte, zu erpressen? Eigentlich hätte er ihm das nicht zugetraut, obwohl Jan als Wilderer es mit den Gesetzen ja auch nicht so genau nahm. Womöglich dachte er an ein Zubrot für seine Familie. Der Täter hatte prompt und hart gehandelt. Er musste ein skrupelloser Mensch sein. Dazu jemand, der sich im Kloster und in der Umgebung sehr gut auskannte. Und nun das Verschwinden von Theresa! Sie war ihm nicht ganz geheuer. Wie Schwester Hildegundis hielt er sie für eine eitle Schauspielerin. War die Preisgabe ihres Wissens über Katharina nur Entlastung ihres Gewissens oder wollte sie von ihren eigenen Wünschen ablenken? War sie eifersüchtig auf Katharina? War sie deswegen das nächste Opfer?

Fragen über Fragen. Und nicht auch nur der Ansatz einer Lösung in

Sicht. Antonius nahm fast mechanisch an den Gebetszeiten der Nonnen teil, immer wieder ertappte er sich dabei, dass er mit seinen Gedanken ganz woanders war. In den Stunden dazwischen ging er durch den Klosterwald, die Pförtnerin beobachtete, wie er das Kloster verließ, sagte aber nichts. Was hätte sie ihm auch sagen dürfen? Schließlich war er frei in seinen Bewegungen.

Antonius erinnerte sich an sein Vorhaben, der Bauernschaft Damm nahe beim Kloster einen kurzen Besuch abzustatten. Das holte er heute nach. Gleich nachdem er das Kloster verlassen hatte, wandte er sich nach rechts und ging den Weg nach Damm, das aus einer Reihe kleiner Höfe bestand, die aufgereiht wie Perlen an einer Schnur eng beieinander standen. Ein Hof aber ragte aus den übrigen hervor, nicht nur durch seine Größe und den größeren Abstand zu seinen Nachbarn sondern auch durch seinen guten Zustand. Die Front bestand aus einer Toreinfahrt und niedrigen Nebengebäuden. Der Blick durch das offene Tor zeigte einen Innenhof, die Wände waren weiß gekalkt, die Dächer aus Ried sahen noch ziemlich neu aus. Das Hauptgebäude am Ende des Hofes hatte zwei Stockwerke, eine doppelläufige Freitreppe führte zum Eingang in der Mitte. Das musste wohl der Dammer Hof sein, der sich im Klosterbesitz befand. Neugierig betrat er den Hof; eine Magd war gerade dabei, mit einem Reisigbesen zu kehren. Es erfreute ihn immer wieder, wie mit einfachen Mitteln ein schönes Bild erzeugt wurde, indem die Besenstriche im Fischgrätenmuster angeordnet waren. Hier wurde alles für den nächsten Tag, den Sonntag, vorbereitet. Die Magd schaute kurz auf, ihr zunächst abweisendes Gesicht nahm einen freundlichen Ausdruck an, als sie den Pater erblickte, der offensichtlich den Bauern zu sprechen wünschte.

»Einen Augenblick, Herr Pater, ich hole sofort den Bauern.«

Sie ging schnell in das Hauptgebäude und kam tatsächlich nach kurzer Zeit in Begleitung eines Mannes zurück, der offensichtlich der Herr des Hofes war. Er entsprach überhaupt nicht dem Bild eines Bauern, der von seiner Arbeit gedrückt zu sein schien, im Gegenteil, er war ein stattliches Mannsbild von etwa 40 Jahren, sein Gesicht war sonnengebräunt, die Falten zeugten nicht so sehr von Sorgen, sondern von Frohsinn und Gutmütigkeit.

»Seid gegrüßt, Herr Pater, womit kann ich euch helfen? Ich nehme an, ihr seid von der Gladbacher Abtei und wollt euch hier ein wenig ausruhen. Nehmt doch auf der Bank Platz, ich lasse uns eine Erfrischung bringen.«

Er rief der Magd, die noch am anderen Ende des Hofes mit Kehren beschäftigt war, zu, dass sie etwas zu trinken holen solle. Nach kurzer Zeit kam sie mit einem Krug und zwei Bechern wieder und goss beiden Herren etwas ein. Der Bauer erhob den Becher, Antonius tat es ihm nach und beide tranken von dem kühlen Getränk, das – sehr zum Erstaunen von Antonius – ein ordentlich schmeckender Wein war. Dieser Bauer wusste wirklich, wie man einen Gast zu ehren hatte.

»Mein Name ist Pater Antonius, ich komme tatsächlich aus dem Gladbacher Kloster und bin hier auf Einladung der Äbtissin. Ich gebe zu, ich war ein wenig neugierig und habe mir deshalb die Umgebung etwas genauer angesehen. So bin ich bei euch gelandet.«

»Ich heiße Walter, ich bin der Pächter des Klosterhofes und zugleich der Vorsteher der Bauernschaft Damm. Gibt es, wenn ich fragen darf, einen besonderen Grund für eure Anwesenheit im Kloster?«

Natürlich wusste er längst Bescheid, die Nachrichten von den Verbrechen der letzten Monate und dem Hilfeersuchen an die Abtei waren auch ihm zu Ohren gekommen.

»Die Äbtissin war der Meinung, ich könnte etwas zur Aufklärung der Verbrechen beitragen, die sich leider in letzter Zeit hier zugetragen haben. Wenn ihr mir dabei helfen könnt, herzlich gerne. Ich bin auf jeden kleinsten Hinweis angewiesen.«

Der Bauer schien tief nachzudenken, konnte aber nicht viel Erhellendes sagen.

»Ich kann mir einfach nicht vorstellen, dass jemand in unserem friedlichen Dorf so etwas tun kann. Menschen, und dazu noch eine Nonne, einfach umzubringen. Mir graut davor, wenn ich daran denke, wie brutal der Mörder zugeschlagen hat. Ich lasse meine Frau und meine Kinder nicht mehr alleine im Wald herumlaufen, so viel Angst habe ich. Die Frauen glauben ja, dass das alles Teufelswerk ist, ich weiß es nicht. Hoffentlich findet ihr bald den Mörder, damit wir wieder in Frieden leben können.«

Der Bauer schaute besorgt und nahm dann einen großen Schluck aus seinem Becher. Danach schien er sich wieder etwas zu beruhigen. Von den übrigen Familienmitgliedern bekam Antonius nichts zu sehen, offensichtlich trauten sie sich wirklich nicht aus dem Haus.

»Vielleicht kann ich euch doch ein wenig helfen, indem ich euch meinen ersten Knecht empfehle. Er kennt die ganze Gegend gut, und er könnte euch bei euren Erkundungen begleiten und euch Stellen im Wald zeigen, die ihr noch nicht gesehen habt.«

»Es freut mich, eure Bekanntschaft gemacht zu haben und vielen Dank. Ich werde bei Gelegenheit auf euer Angebot zurückkommen«, verabschiedete Antonius sich und nahm seine Wanderung durch den Wald wieder auf. Das war ihm angenehm, denn die Temperaturen der letzten Tage hatten ihn oft in Schweiß gebracht. Der Duft der Pflanzen und das Singen der Vögel waren ihm Balsam für die Seele. Einmal hatte er sich einfach treiben lassen, er war in östliche Richtung gegangen. Da kam er an einer Bauernschaft vorbei, die am südlichen Rand des Klosterwaldes lag. Auf den Wiesen grasten Kühe, und er sah ihnen eine Zeit lang zu, wie sie einfach ihr Gras fraßen und keine Sorgen hatten. Wenn sie genug gefressen hatten, legten sie sich hin und fingen an wiederzukäuen. Das taten sie mit einer solchen Ruhe und Hingabe, dass er sie im Stillen beneidete. Er dachte an die Vögel des Himmels und die Lilien des Feldes, für die der himmlische Vater sorgte. Von dieser Sorglosigkeit musste er lernen. Ähnlich war es ja auch mit seinem Mönchsstand. Eigentlich konnte er ganz beruhigt sein. Für seine irdische Existenz hatte er das Kloster, alles übrige sollte von Gott kommen. Darauf versuchte er sich zu besinnen. Vielleicht würde dann auch sein Kopf wieder klarer werden. Und Klarheit konnte er dringend gebrauchen.

***

Abt Ägidius hatte einen Brief erhalten. Der Prior der Wilhelmiten zu Grevenbroich hatte es sich nicht nehmen lassen, ihm über die weiteren Ereignisse nach dem Überfall auf den Boten zu berichten.

Lieber, hochverehrter Mitbruder und Abt des Klosters zu Gladbach!

Ohne Auftrag des Vogtes, nur gedrängt vom Mitgefühl über Euer Missgeschick mit dem Boten möchten wir Euch heute Auskunft geben über die weitere Verfolgung und schließliche Gefangennahme der gemeinen Diebesbande, der Euer beklagenswerter Bote zum Opfer gefallen ist.

Zuerst hat der Vogt in Jülich um Verstärkung seiner Truppen gebeten, um dem schändlichen Treiben der Bande Einhalt zu gebieten. Dabei hat er nicht einfach auf die Gewalt vertraut, sondern durch das Versprechen einer Belohnung versucht, Erkenntnisse zu erzielen. Man findet so immer solche, die nicht nur aus Pflichtgefühl sondern auch aus Gewinnsucht Geheimnisse zu verraten bereit sind. Kurz: Es ist gelungen, der Bande habhaft zu werden und sie zu verhaften. Sie wurden dem Gericht vorgeführt und schnell zum Tod verurteilt. Es handelte sich um sieben Männer unter der Führung eines ehemaligen Söldners, der sich auf diese Weise ruchlos bereichern wollte. Geständnisse brachten unter anderem zu Tage, dass sie Euren Boten überfallen und beraubt haben, sie allerdings in diesem Falle sehr enttäuscht waren, keine wirklichen Wertgegenstände bei ihm gefunden zu haben. Wozu diese Enttäuschung geführt hat, ist Euch ja bekannt.

Ich möchte nicht schließen, ohne Euch zu bitten, meine ergebensten Grüße an die beiden Mönche, die bei uns zu Besuch waren, vor allem Pater Antonius, zu übermitteln.

In der Hoffnung, Euer Hochwürden mit meinen bescheidenen Auskünften gedient zu haben, bin ich Euer ergebener Diener

Johann von Elsen, Prior des Klosters zu Grevenbroich

Es war um die Mitte des Tages, Sext und Mittagsmahl waren gerade vorüber, als der Briefbote eintraf. Jetzt konnte Ägidius das Kapitel der Briefe vorläufig abschließen, doch wie sollte er sich weiter verhalten? Bei seinen Mönchen würde er ja noch zugeben, dass ihm ein Fehler unterlaufen war, aber beim Herzog? Darüber hinaus war durch den Tod Wilhelms und dessen Nachfolge eine Lücke entstanden, die zu füllen etwas Zeit brauchte. Und wenn alles gut ging, würde die Zeit auch für ihn arbeiten. So entschied er sich abzuwarten.

Er dachte an Antonius. Er fühlte sich moralisch verpflichtet, ihm die Nachricht aus Grevenbroich zu übermitteln, hatte dieser doch wesentlichen Anteil an der Aufklärung des Verbrechens. Vielleicht brauchte Antonius auch etwas Seelentrost, weil er noch immer vergeblich auf der Suche nach dem Täter war. Da fiel ihm ein, was er für seinen Mitbruder tun konnte. Er ließ den Mönch Ruprecht rufen. Wie üblich ließ er ihn auf einem Hocker gegenüber seinem Tisch Platz nehmen. Inzwischen hatte sich Ruprecht an Gespräche auf dieser Ebene gewöhnt, die Beklommenheit, die er früher verspürt hatte, war fast ganz von ihm gewichen.

»Ruprecht, ich habe einen Auftrag für dich«, begann er, »ich möchte, dass du nach Novum Opus gehst und deinem Mitbruder Antonius eine Botschaft von mir bringst.«

Dann erzählte er ihm vom Inhalt des Briefes aus Grevenbroich. Ruprecht ließ sich seine Überraschung nicht anmerken, hatte er doch bisher nichts von den Ereignissen bei dem Generalkapitel der Bursfelder Kongregation in Brauweiler gehört. Wenn er mehr wissen wollte, brauchte er sicher nur Antonius zu fragen. Der Abt fuhr ungerührt fort:

»Ich habe nichts dagegen, wenn du dich eine Zeit lang im Kloster Novum Opus aufhältst – die Erlaubnis der Äbtissin natürlich vorausgesetzt. Vielleicht kann Antonius deine Unterstützung brauchen, denn er versucht, einen schwierigen Fall zu lösen. Geh' zu ihm und steh' ihm bei. Gehe hin in Frieden.«

Damit war Ruprecht auch schon entlassen. Er nahm an, dass er sich sofort auf den Weg machen sollte, dann würde er gegen Abend in Novum Opus eintreffen. Den Weg kannte er gut, und ein Marsch an der frischen Luft, auch wenn sie ein wenig heiß und feucht war, würde ihm guttun.

Als er ankam, war gerade die Vesper vorüber, und so traf er, nachdem er an der Pforte sein Anliegen vorgetragen hatte und eingelassen worden war, auf einen völlig überraschten Antonius.

»Was machst du denn hier? Mit dir hätte ich hier am wenigsten gerechnet.«

Ruprecht kam sein ehemaliger Meister für dessen Verhältnisse ziemlich hohlwangig vor. Er schien ihm nicht ganz glücklich zu sein. Doch er sagte nichts.

»Der Abt schickt mich, ich soll dir eine Botschaft aus Grevenbroich übermitteln. Er hat mir den Brief von dort mitgegeben, am besten du liest ihn selbst, denn ich verstehe die Zusammenhänge nicht.«

Antonius nahm den Brief und las ihn sorgfältig. Dabei konnte er sich ein Lächeln nicht verkneifen über den Stil des Briefes. Dann erklärte er Ruprecht, worum es eigentlich gegangen war zwischen Gladbach und Brauweiler. Der kriegte den Mund nicht mehr zu über soviel Nachlässigkeit des Abtes, die Folgen dieser Nachlässigkeit und schließlich das schwere Verbrechen an dem Boten des Abtes. Antonius hatte keine Sorge, dass Ruprecht etwas darüber ausplaudern würde, dazu hatte er zu viele Beweise seiner Diskretion geliefert.

»Der Abt hat auch erklärt, dass ich einige Tage hier bleiben könne um dir zu helfen – natürlich nur, wenn du damit einverstanden bist.«

Und ob Antonius einverstanden war. Hier hatte er sonst keine Gesprächspartner, denen er absolut vertrauen konnte. Ruprecht erhielt eine Zelle gleich neben Antonius, und so konnten sie sich zusammensetzen und ungestört alles besprechen, was in den letzten Monaten in Novum Opus geschehen war. Schon wieder kam Ruprecht aus dem Staunen nicht heraus. Er merkte, wie sehr er durch seine Studien in Gladbach von der Welt abgeschlossen war. Jetzt stellte sich bei ihm das Gefühl ein, etwas verpasst zu haben, denn Antonius hatte ihn immer an allem teilnehmen lassen, auch an den unangenehmen Erfahrungen. Nach der Komplet begaben sich beide zur Ruhe, nicht ohne sich für den nächsten Tag zu einem Waldspaziergang zu verabreden.

In der Nacht hatte es ein kräftiges Gewitter gegeben. Der Regen hatte dazu geführt, dass die Wege zum Teil recht matschig waren, und man musste darauf achten, wo man hintrat. Je weiter sie in den Wald kamen und moosbedeckten Boden betraten, wurde es besser. Sie konnten frei durchatmen, die Schwüle der letzten Tage war frischer Luft gewichen. Vor allem Antonius tat das gut, denn er hatte in den letzten Tagen so viel Bedrückendes erlebt, dass er froh war, sich alles von der Seele reden zu können.

Von den Hexenprozessen hatte Ruprecht natürlich gehört, aber als Antonius ihm schilderte, wie sehr das Thema die Menschen bewegte und der Mörder Katharinas sich das zunutze gemacht hatte, wuchs in ihm doch die Empörung. Sein Gerechtigkeitsgefühl war ebenso stark ausgeprägt wie bei seinem älteren Mitbruder, die Borniertheit der Richter und die Rachsucht der Mitmenschen schmerzten ihn sogar körperlich.

»Da glaubt man, die Menschen hätten dazugelernt und dem alten Aberglauben abgeschworen«, sagte Antonius, »da kommt so ein Mensch daher und verfasst ein Machwerk, das an die niedrigsten Gefühle appelliert.«

Als Ruprecht ihn fragend ansah, erzählte ihm Antonius vom *Hexenhammer*. Von diesem Buch hatte der junge Mönch bisher auch noch nichts gehört. Antonius versicherte ihm:

»Du glaubst doch nicht etwa, ich hätte die menschlichen Abgründe während meines Studiums kennengelernt. Diese Lektionen konnte ich erst nachholen, als ich mich notgedrungen mit Verbrechen befassen musste. Aber davon hast du ja auch eine Menge mitbekommen.«

Ruprecht merkte, dass er dankbar an die Zeiten zurückdachte, als er eng mit Antonius zusammengearbeitet hatte und betrachtete gleichzeitig seine augenblicklichen Studien mit etwas Bedauern. Antonius, dem das nicht verborgen blieb, tröstete ihn:

»Man braucht für das Studium ein solches Inseldasein, das man auch Konzentration nennen könnte. Die Lebenserfahrungen stellen sich bei dem, der dafür empfindsam ist, später von selbst ein. Warte nur ab.«

***

Nach langer Zeit des Wartens – wenigstens kam Theresa die Zeit sehr lang vor – kam er wieder zu ihr. Sein Licht stellte er wieder auf den Stein in der Wand; er brachte ihr etwas zu essen und eine Schüssel mit Wasser. Dankbar sah sie darauf, denn sie hatte das Gefühl, am ganzen Leib zu kleben, weil sie sich seit Tagen nicht hatte waschen können. Wäre sie allein gewesen, hätte sie ihr Gewand abgelegt, jetzt wollte sie das nicht tun, ihr Schamgefühl hinderte sie. Der Besucher merkte das und tat so, als wolle er den Raum verlassen. Die Tür öffnete und schloss sich, und sie glaubte alleine zu sein. Das Wasser in der

Schüssel reichte nicht aus, sich am ganzen Körper zu waschen, so streifte sie nur ihr Obergewand ab, benetzte mit einem Lappen Hals, Arme und Brust. Das tat ihr gut, denn Sauberkeit war etwas, auf das sie nicht gerne verzichtete. Sie fand auch ein zweites Tuch, mit dem sie sich abtrocknete, dann hörte sie ein ganz leises Geräusch. Sie zuckte vor Schreck zusammen und versuchte, ihre Blöße mit dem Tuch zu verdecken. Sie hatte sich getäuscht, sie war nicht allein. Der Mann trat aus dem Schatten und legte ihr, um sie zu beruhigen, die Hand auf die Schulter. Und wieder kam ihr dieses seltsame Gefühl; sie empfand die Berührung als angenehm, wohltuend. Ihr Atem ging zwar immer noch schnell, doch jetzt war es nicht mehr der Schrecken. Nach kurzer Zeit ließ er von ihr ab, nahm alle Sachen mit und verließ den Raum. Dabei hatte er kein einziges Wort gesprochen. Da saß sie nun wieder alleine da und versuchte, ihre Gefühle allmählich zu ordnen. Was war da mit ihr geschehen? Im normalen Leben hätte sie eine solche Berührung nicht zugelassen. Was hatte man ihr beigebracht? »Noli me tangere«* hatte es immer geheißen. Auch einer Mitschwester um den Hals zu fallen, war verpönt. Abstand halten. Keine gegenseitigen Besuche auf den Zellen. Jetzt war ein Damm gebrochen und sie empfand das auch noch als angenehm. Ja, wenn sie ehrlich war, wünschte sie sich noch mehr solcher Berührungen. Ihr Besucher schien aber sehr zurückhaltend zu sein. Er schien sie zu respektieren. Ihr blieb nichts als abzuwarten.

***

Eine Zeit lang gingen die beiden nebeneinander her. Keiner sagte etwas. Jeder schien seinen Gedanken nachzuhängen. Plötzlich fing Ruprecht an zu reden:

»Du bist sicher mit mir einer Meinung, dass die Taten nur von einem Mann begangen sein können. Deshalb schlage ich vor, dass wir uns die Männer, die mit dem Nonnenkloster zu tun haben, einmal der Reihe nach vorknöpfen.«

---

* Berühre mich nicht.

Ein erstaunter Seitenblick sagte mehr als viele Worte. Antonius fragte sich, warum er selbst noch nicht auf diesen Gedanken gekommen war. Vielleicht steckte er viel zu tief in der Sache. Da konnte jemand, der neu hinzukam, einen neuen Blick auf die Lage werfen und einen guten Vorschlag machen. Er merkte, wie sehr er Ruprecht bei seinen Ermittlungen vermisst hatte.

»Du hast Recht. Also, wen haben wir? Ich muss gestehen, dass ich zuerst gegen den Bauern Jan einen vagen Verdacht hatte, auch wenn ich das nicht so recht glauben konnte. Aber jetzt ist Jan tot, und damit ist der Verdacht erledigt.«

»Wieso erledigt? Sein Tod könnte ja die Folge des Mordes an Schwester Katharina sein.«

»Keinesfalls. Ich hatte dir doch erzählt, dass wir beide, Jan und ich, bei unserer Untersuchung des Fundorts beschossen worden sind. Es muss also jemand anderes gewesen sein. Ich vermute eher, dass Jan etwas über den wirklichen Täter wusste und ihn vielleicht zu erpressen versucht hat. Also scheidet Jan für den ersten Mord aus.«

»Einverstanden. Was wissen wir über die anderen Männer, die mit dem Kloster zu tun haben? Wer sind diese?«

»Da sind zuerst die beiden Priester, der Prior und der Kaplan, beides Mönche aus Brauweiler. Der Prior Heinrich ist um die fünfzig Jahre alt und macht mir einen vertrauenswürdigen Eindruck. Er sagt zwar nicht alles, was er weiß, aber ich bin sicher, es ist das Beichtgeheimnis, das ihn bindet. Sein Kaplan, Walram, offenbarte sich mir als ein Frauenverächter, der zornig darüber ist, dass eine Frau Oberin des Klosters ist. Er meint, Frauen sind gar nicht in der Lage, Führung zu übernehmen. Mich haben seine Tiraden ziemlich aufgeregt, aber ich habe mich beherrscht und ihm nicht widersprochen. Aber es fällt mir schwer, mir einen mordenden Priester vorzustellen.«

»Denk nur an die Ereignisse in unserem Kloster vor sechs Jahren. So völlig unmöglich ist der Gedanke ja nicht.«

Antonius wollte einwenden, dass die Täter keine Priester waren und kein richtiger Mord geschehen war, doch er schwieg lieber. Er durfte sich keine Denkverbote auferlegen. Er musste sich für alle Möglichkeiten offen halten.

»Gibt es noch eine Möglichkeit, mehr über die beiden zu erfahren?«, fragte Ruprecht.

»Da fällt mir ein, dass wir eine sichere Quelle in unserem Kloster haben. Im vorigen Jahr sind doch sechs Mönche aus Brauweiler zu uns gekommen als Ersatz für die, die sich der Reform nicht anschließen wollten. Unter diesen sollten wir uns einmal umhören, vielleicht erfahren wir dabei etwas, was nicht für die Ohren des Abtes bestimmt und trotzdem wertvoll für uns ist.«

»Ich kann ja nach Gladbach gehen und einmal fragen«, schlug Ruprecht vor.

»Ich weiß nicht recht. Das hat nichts mit fehlendem Vertrauen zu dir zu tun. Ich könnte mir nur denken, dass sie mir gegenüber offener sind als dir, dem jungen Mönch. Ich will sowieso in den nächsten Tagen nach Gladbach zurück, ich muss mich einfach von dieser Stätte erholen, bevor ich weitermache.«

»Ich darf dann sicher mit dir gehen, oder willst du mich alleine hier zurücklassen?«

»Keinesfalls! Ganz ungefährlich ist es hier nicht. Der Täter hat schon einmal bei mir zugeschlagen. Ich will nicht, dass dir etwas geschieht. Aber bevor wir gehen, will ich die Äbtissin fragen, ob sie noch etwas weiß. Unsere Liste von Männern ist ja noch nicht vollständig. Über Werner, den Jagdaufseher, weiß ich wenig, aber er macht auf mich einen guten Eindruck. Da ist es sicher sinnvoll, Odilia zu fragen, denn sie muss ja wissen, woher er kommt. Und dann die zahlreichen Knechte, die hier arbeiten. Der Oberknecht, dessen Namen ich nicht kenne, scheint mir eine ehrliche Haut zu sein. Er hat sicher schon lange im Kloster gearbeitet. Wir werden uns auch über ihn und die anderen Knechte bei der Äbtissin erkundigen.«

»Wie lange ist das eigentlich her, seit die junge Nonne verschwunden ist?«

»Vor drei Tagen ist ihr Fehlen entdeckt worden. Hoffentlich ist ihr nichts Schlimmes geschehen! Ich mache mir große Sorgen.«

Nach drei Stunden Wanderung kehrten die beiden ins Kloster zurück. Sie ließen sich bei Odilia melden und gingen zu ihr. Antonius ergriff die Gelegenheit, ihr Ruprecht persönlich vorzustellen, dessen jugendfrische Art auf dem sonst so strengen Gesicht ein kleines Lächeln hervorrief.

»Verehrte Mutter Äbtissin. Das Wichtigste zuerst: Ich habe noch nichts herausgefunden, was auf den Täter hindeutet. Dabei treibt mich die Sorge um, was mit Theresa geschieht. Ich möchte euch um zwei Dinge bitten: Um Auskunft über die Bediensteten des Klosters und um die Erlaubnis, kurz nach Gladbach zurückkehren zu können, weil ich da ein paar Nachforschungen anstellen möchte, die vielleicht zu etwas führen.«

Die Äbtissin hätte es lieber gesehen, wenn Antonius, nun unterstützt von Bruder Ruprecht, sich stärker mit der Aufklärung der Verbrechen befasste, aber sie konnte ihn natürlich nicht hindern, nach seinen eigenen Vorstellungen vorzugehen.

»Und was ist das zweite?«

»Auskünfte über eure Bediensteten, die Knechte und den Jagdaufseher.«

»Ich kann nicht für jeden Knecht die Hand ins Feuer legen, dazu ist ihre Zahl zu groß. Der Oberknecht Willem aber ist uns treu ergeben. Er arbeitet schon seit 20 Jahren bei uns, ich habe ihn von meiner Vorgängerin übernommen. Er hat nie Anlass zu Tadel gegeben. Den Jagdaufseher Werner habe ich aus meinem Elternhaus Schloss Millendonk. Er hat bei unserem Jagdaufseher gelernt und sich so eifrig gezeigt, dass ich glaubte, ihn hier anstellen zu können. Er ist eine durchaus erfreuliche Erscheinung.«

Innerlich musste Antonius ihr beipflichten, nach außen zeigte er keinerlei Regung.

»Er ist sehr kenntnisreich und erledigt seine Aufgaben tadellos«, beeilte sich Odilia hinzuzufügen, »ich glaube, ich habe eine gute Wahl getroffen. Er darf sogar mit meiner Erlaubnis auf die Jagd gehen und unsere Tafel mit Wildbret versorgen.«

»Ich danke euch und sage mit eurer Erlaubnis Lebewohl.«

»Gelobt sei Jesus Christus und auf baldiges Wiedersehen. Ich werde euch mit einem Wagen nach Gladbach bringen lassen.«

Die beiden waren entlassen, gingen kurz in ihre Zellen, um sich dann auf den Weg zum Kloster Gladbach zu machen. Es war schon

Nachmittag, und sie waren nicht unfroh, die Reise bequem machen zu können. Im Kreuzgang liefen sie beinahe Schwester Hildegundis in die Arme. Sie blieben kurz stehen und grüßten sie freundlich. Auch Hildegundis rang ihren Zügen ein Lächeln ab.

»Ich werde in ein paar Tagen wieder zurück sein, denn ich habe hier noch wichtige Dinge zu tun. Wenn ich zurück bin, möchte ich dir noch ein paar Fragen stellen. Bis dahin Gott befohlen.«

Sie fuhren in einem offenen Wagen, die Luft war immer noch rein nach dem Gewitter, der Wind war angenehm und sie genossen die Fahrt.

12. Kapitel

Zu Theresas Habit gehörte eine Perlenschnur, auch Rosenkranz genannt, die sie bisher eher als Dekoration gesehen hatte, abgesehen von den vielen Malen, bei denen sie mit ihren Mitschwestern die vorgeschriebenen Gebete, viele Ave Marias mit Zusätzen aus dem Leben Jesu, sprechen musste. Sie war selten mit dem Herzen dabei, ja manchmal störte sie das gemeinsame Geleiere und sie war dann froh, wenn die Übung vorbei war. Jetzt, in ihrer dunklen Einsamkeit erinnerte sie sich an den Zweck des Rosenkranzes, der an ihrem Gürtel hing und fing an, tastend zunächst, dann immer inbrünstiger, die vorgeschriebenen Gebete zu sprechen. Da fing sie an zu verstehen, dass es gar nicht darauf ankam, mit den Gedanken bei jedem Wort zu sein und jedes Geheimnis* bewusst zu erinnern. Als sie beim schmerzhaften Rosenkranz angekommen war und den Zusatz betete, »der du für uns im Garten Blut geschwitzt hast«, fühlte sie, wie das Beten sie beruhigte und ihre Angst milderte, die langsam und unaufhaltsam von ihr Besitz ergriffen hatte.

Ihrem Besucher fiel die Veränderung nicht auf, er glaubte einfach, dass seine Person beruhigend auf sie wirkte. Er setzte die vorsichtigen Berührungen fort, er wurde von Mal zu Mal zudringlicher, und Theresa ließ ihn gewähren. Als er ihre Brust berührte, hielt sie kurz den Atem an, aber das ging so schnell vorbei, dass es ihrem Besucher gar nicht auffiel. Sie wusste nicht mehr, ob sie sich noch immer als Gefangene geborgen fühlte oder wünschte, dem Gefängnis entfliehen zu können. Sie musste abwarten, sie musste Geduld haben.

***

Je mehr sie sich ihrem Kloster näherten, umso wärmer wurde es Antonius ums Herz. Sein Kloster sollte ihm eine Heimat sein, darum war er Benediktiner geworden. Sein Dorf bei Erkelenz war sein Ursprung,

---

* Kurze Sätze aus dem Leben Jesu oder Mariens, die in das Ave Maria eingeschoben werden.

und er dachte immer wieder an seine Eltern und seine Brüder, die durch harte Arbeit ihren Lebensunterhalt verdienen mussten. Er fühlte, wie gut er es hatte, weil er im Kloster mit allem Notwendigen versorgt wurde. Aber ein wenig vermisste er auch sein Heimatdorf, vielleicht könnte er es irgendwann einmal wiedersehen und auch seine Freunde von früher treffen. Ab und zu erhielt er Nachrichten von seinen Eltern und Geschwistern, die ihm zeigten, dass er sich keine großen Sorgen um sie zu machen brauchte. Jetzt besann Antonius sich schnell auf das, was ihm bevorstand. Die Sext hatte gerade begonnen, so konnten sich beide gleich diesem Gebet anschließen. Danach würde der Abt ihn sicher zum Gespräch bitten, und er musste sich überlegen, welchen der Brauweiler Mönche er ansprechen könnte. Er war eigentlich mit allen gut ausgekommen, sie waren gutwillig und voller Reformeifer, aber er wusste nicht so recht, wie er vorgehen sollte. Man könnte seine Fragen leicht missverstehen und er würde das Gegenteil von dem erreichen, was er erreichen wollte.

Der Abt war natürlich an allem interessiert, was Antonius in Novum Opus erfahren hatte. Sein persönliches Verhältnis zu Odilia von Millendonk war zwar ungetrübt, doch im Interesse seines Klosters wollte er auch um die Heimsuchungen wissen, von denen die frommen Frauen betroffen waren. Er hätte sich selbst nicht gestattet, diese Einstellung Schadenfreude zu nennen, das wäre moralisch verwerflich gewesen, aber ein kleines bisschen Genugtuung, dass es diesmal nicht sein Kloster traf, konnte er sich nicht verkneifen. Er hörte dem Bericht seines Abgesandten mit großem Interesse zu, aber stellte keine Fragen und gab vor allem – und das freute Antonius – keine Ratschläge.

Zum Schluss erlaubte er sich, den Abt um Rat zu fragen:

»Vater Abt, Ruprecht und ich haben eine Liste von Verdächtigen aufgestellt, die für die Mordtaten in Frage kommen, und dabei sind wir auch auf die beiden Klostergeistlichen, den Prior und den Kaplan, gestoßen, die wir – bei aller Liebe – nicht übersehen dürfen. Die beiden sind Patres aus Brauweiler, wie ihr wisst. Deshalb möchte ich hier einige Mitbrüder aus Brauweiler über die beiden befragen, wenn ihr nichts dagegen habt.«

»Nur zu, Antonius, und viel Glück!«

Als ersten suchte er Gerhard auf, der gerade in der Sakristei damit beschäftigt war, die vasa sacra* zu kontrollieren und die Diener anzuweisen, welche sie zu putzen hatten. Er war noch jung und hatte trotzdem die Aufgabe des Sakristans bekommen, was für ihn eine Auszeichnung war. Er war von schlanker, hochaufgerichteter Gestalt und blickte Antonius nicht gerade freundlich an. Es schien, als ob er die Unterbrechung seiner Arbeit gar nicht schätzte.

Antonius fragte ihn nach den beiden Mitbrüdern aus Brauweiler, Heinrich und Walram, aber ihm fiel sofort auf, dass sein Mitbruder abblockte.

»Dazu kann ich nichts sagen«, antwortete er mit solcher Heftigkeit, dass es Antonius die Sprache verschlug. Doch da hatte sich Gerhard schon wieder seinen Aufgaben zugewandt. Es blieb Antonius nichts übrig, als sich zum Gehen zu wenden, dabei schüttelte er den Kopf, weil er für das Verhalten seines Mitbruders keinerlei Erklärung hatte. Dann ging er zum nächsten Mönch aus Brauweiler, Bruder Alexander. Schließlich fand er ihn ausgerechnet in der Bibliothek an seinem Pult stehend und in einem Folianten lesend. Nach der gerade erhaltenen Abfuhr jetzt noch dies! Da musste er sich selbst ins Gebet nehmen und sich sagen: ›Sei nicht so kleinlich, du hast nicht allein das Recht hier zu sein.‹

Bei Alexander fielen als erstes die borstenartigen blonden Haare und die hellen Augenbrauen auf, und er konnte sich den Spitznamen denken, mit dem ihn seine früheren Mitschüler wohl belegt haben mochten. Er nahm sich zusammen und fragte, dieses Mal vorsichtiger:

»Ich habe bei meinem Aufenthalt in Novum Opus zwei deiner ehemaligen Mitbrüder kennen gelernt ...«

»Ah, Heinrich und Walram. Vor allem an Walram erinnere ich mich gut, wir sind etwa gleichen Alters. Er ist schon vor meinem Wechsel hierher zu den Nonnen geschickt worden, und das gefiel ihm überhaupt nicht. Ehrlich gesagt, ich war froh darüber, denn wenn ich mir vorstelle, er wäre mit uns hierher gekommen, das wäre nicht gut gegangen.«

---

* Die in der Liturgie benutzten Gefäße wie Kelche, Patenen, Kännchen und Rauchfässer.

Antonius, verwundert über die Offenherzigkeit seines Mitbruders, hakte sofort nach:

»Was ist denn an ihm, dass er schlecht hierher gepasst hätte?«

Jetzt sah er das Eigentümliche eines hellhaarigen und auch hellhäutigen Menschen, das Gesicht Alexanders war puterrot angelaufen. Um ihn zu beruhigen, fuhr Antonius fort:

»Keine Angst, ich plaudere nichts aus. Und ich hätte dich auch nicht gefragt, wenn es nicht für meine Untersuchungen der Verbrechen in Novum Opus wichtig wäre. Der Abt hat mich dazu übrigens ausdrücklich ermächtigt. Also, was ist mit Walram?«

»Walram kommt aus einer alteingesessenen adligen Familie in der Eifel. Sein älterer Bruder, der Erstgeborene, war lange Zeit kränklich, und Walram hatte damit gerechnet, als nächster in der Erbfolge in den väterlichen Besitz einzutreten. Als der Bruder 14 Jahre alt wurde, besserte sich seine Gesundheit wider Erwarten. Walram freute sich darüber nicht. Es kam, wie es kommen musste, sein weiterer Lebensweg war vorherbestimmt, er musste ins Kloster gehen. Sein Vater war nicht klug und umsichtig genug, für ihn eine andere Laufbahn zu finden. Ich kann nicht sagen, dass er seine Pflichten als Mönch nicht ernst genommen hätte, nein, er führte ein tadelloses Klosterleben. Aber die Verbitterung saß tief, und die machte ihn unduldsam gegenüber Schwächeren oder vermeintlich Schwächeren. Er konnte Bedienstete oder Novizen so herablassend behandeln, dass es für uns Mitbrüder unangenehm war. Und weil er die Klostergemeinschaft so gegen sich aufbrachte, kam der Abt auf die Idee, ihn als Kaplan nach Novum Opus zu schicken. Er hoffte, dass sein älterer Mitbruder, der Prior, einen mäßigenden Einfluss auf ihn haben würde, ob mit Erfolg, weiß ich nicht. Ich habe nichts mehr von ihm gehört.«

»Vielen Dank für dein abgewogenes Urteil. Ich glaube auch etwas von dieser Verbitterung in einem Gespräch mit ihm gespürt zu haben«, antwortete Antonius beruhigend, »und über Heinrich kannst du nichts sagen?«

»Wir sind uns kaum begegnet, er war höchstens zu besonderen Anlässen in Brauweiler, und da machte er immer einen sehr korrekten und liebenswürdigen Eindruck auf mich.«

Damit war das Gespräch auch schon zu Ende, Antonius nickte ihm noch einmal freundlich zu und machte sich auf die Suche nach Ruprecht, mit dem er die Auskünfte noch besprechen wollte.

»Das war wieder mal typisch für Flachskopf, der hat das Herz wirklich auf der Zunge und äußert seine Meinung ohne jede Rücksicht.«

Schuldbewusst schlug Ruprecht die Hand vor den Mund und Antonius musste lächeln. Immerhin war Alexander einer der Lehrer der Novizen und konnte deshalb etwas mehr Respekt erwarten.

»Keine Sorge, wir haben damals auch Spitznamen für unsere Lehrer gehabt, und ich muss dir etwas verraten: Mir war auch schon der Gedanke gekommen, dass seine Mitschüler ihn so genannt haben könnten. Kaum etwas liegt näher als dieser Name. Aber eine Frage: Kann man seinem Urteil trauen?«

»Ich glaube ja. Er kennt gar keine Winkelzüge, für ihn gibt es nur den direkten Weg zur Wahrheit, ›sei es gelegen oder ungelegen‹.«

»Was hat uns die Rückkehr nach Gladbach nun gebracht? Etwas mehr Licht auf die Person Walrams. Aber reicht das aus, ihn mit den Verbrechen in Verbindung zu bringen? Ich bewege mich auf ganz dünnem Eis.«

Da musste Ruprecht ein wenig lächeln; sein Mitbruder, der sonst beim Gebrauch von Metaphern so peinlich genau war, hatte an diesem Sommertag völlig daneben gegriffen. Da fiel auch Antonius auf, was er gesagt hatte, und er musste auch lachen.

»Da siehst du, wie weit es mit mir gekommen ist. Ich weiß nicht mehr, was ich tun soll!«

»Ich an deiner Stelle würde wieder nach Novum Opus zurückgehen und weiter Augen und Ohren offen halten.«

»Mir bleibt ja kaum etwas anderes übrig. Dann mache ich mich mal wieder auf den Weg.«

Da der Tag schon weit fortgeschritten war und Antonius wirklich ernsthaft vorhatte, zu Fuß nach Novum Opus zu gehen, verschob er seine Reise auf den nächsten Morgen. Er war froh, dass er an diesem Abend am Chorgebet in Gladbach teilnehmen konnte, dieses Heimatgefühl war durch nichts zu ersetzen.

13. Kapitel

Der Fußmarsch tat Antonius gut. Der Himmel war mit Wolken bedeckt, die Temperatur gut zu ertragen. Er schritt kräftig aus, wie um sich selbst klar zu machen, dass er unbedingt zum Ziel kommen musste in Novum Opus. Auf dem Weg, in der Bauernschaft Engelbleck, sah er, wie aus einem Bauernhaus eine Frau heraustrat und schwer humpelnd in ihren Garten ging, offensichtlich, um Gemüse für den Mittagstisch hereinzuholen. Dieser Anblick hätte ihn nicht besonders überrascht, wenn es sich nicht um eine jüngere Frau gehandelt hätte. Gerade als sie sich umwandte, sah sie den erstaunten Gesichtsaudruck des Paters und sprach ihn an:

»Ja, schaut mich ruhig an, da seht ihr, was sie aus mir gemacht haben.«

»Wie muss ich das verstehen? Bist du etwa eines der Opfer der Hexenverfolgung?«

Die Art der Frage schien ihr Vertrauen einzuflößen, so gab sie bereitwillig Auskunft, ohne ein Blatt vor den Mund zu nehmen:

»Ihr habt recht, irgendein missgünstiges Weib hat mich als Hexe angezeigt und ich bin vor das Gericht geschleppt worden. Was die da mit mir gemacht haben, könnt Ihr, obwohl es schon einige Zeit her ist, immer noch sehen. Ich werde wohl für den Rest meines Lebens ein Krüppel bleiben. Aber ich bin stolz, dass sie mich trotz Folter nicht kleingekriegt haben, so mussten sie mich wieder gehen lassen. Drei meiner Leidensgenossinnen haben nicht soviel Glück gehabt.«

Durch den verständlichen Hass, der in ihren Augen aufblitzte, erkannte Antonius auch ihr Temperament. Er sah sie voller Mitgefühl an.

»Wenn ich nur wüsste, was ich für dich tun kann.«

»Macht euch keine Mühe, Herr Pater, aber vielen Dank! Mein Mann und meine Kinder tun alles, mir zu helfen. Und da ist noch mein Nachbar, der Pitter, der sich sehr um uns kümmert. Er springt immer wieder ein, wenn wir mit unserer Arbeit nicht fertig werden. Er hat sich von Anfang an über die Missgunst seiner Frau und der anderen hier hinweggesetzt. Das war sehr mutig.«

»Ich kann nur hoffen, dass dieser Spuk wieder vorübergeht.«

»Wenn ihr könnt, tut etwas, um ihn zu beenden!« Damit war sie auch schon in ihrem Haus verschwunden.

Auf seinem weiteren Weg schwirrten Antonius die Gedanken durch den Kopf. Eigentlich hätte er an mehreren Fronten kämpfen müssen, ohne Rücksicht auf das eigene Leben. Aber jetzt musste er zuerst das Nächstliegende tun, nämlich die scheußlichen Verbrechen aufzuklären, die sich in den letzten Monaten zugetragen hatten. Wie um gegen seine Niedergeschlagenheit anzugehen, legte er noch einen Schritt zu und bat Gott gleichzeitig um Zuversicht und Geduld. Zum Glück ahnte er da noch nicht, dass ihm ein weiterer Schicksalsschlag bevorstand.

So kam er ermüdet in Novum Opus an, nahm dort am Klosterleben teil und nutzte jede Gelegenheit, kreuz und quer durch den Klosterbusch zu gehen in der Hoffnung, irgendwann auf die Lösung zu stoßen. Ab und zu begegnete ihm der Jagdaufseher, sie grüßten sich freundlich, wechselten ein paar unverbindliche Worte miteinander, aber auch von ihm hörte er nichts Neues. Heinrich, der Prior, schien seine Leidenschaft für das Wandern zu teilen, deshalb begegneten sie sich auch häufiger. Antonius' Aufenthalte in der freien Natur waren eine neue Erfahrung für ihn, er nahm die Geräusche der zwitschernden Vögel und der summenden Bienen immer bewusster wahr, die Gerüche des Waldes wusste er immer besser zu unterscheiden, süßer Blumenduft und der Geruch feuchten Grases und getrockneten Heus, der Harzgeruch der Kiefern, auch manchmal der stechende Geruch von Aas. Er merkte bald, dass er immer wieder die gleiche Strecke ging, und diese Gänge bekamen etwas Meditatives, das ihn mehr und mehr zur Ruhe kommen ließ. In den Bauernschaften traf er immer wieder dieselben Menschen, sie waren ihm und er ihnen inzwischen ein vertrauter Anblick. Er befand sich wieder mehr im Einklang mit sich selbst. Dennoch war ihm bewusst, dass die ungeklärten Verbrechen wie ein Damoklesschwert über ihm hingen.

Nach etwa einer Woche relativen Friedens kehrte er am frühen Nachmittag von seiner Wanderung zurück. Da fiel ihm auf, dass auf der Zufahrt eine Kutsche stand, die ihm bekannt vorkam. Das Pferd fraß friedlich aus seinem Hafersack, der Kutscher war nicht zu sehen. Schnell ging er ins Kloster, um den Grund des Besuches herauszufinden, da sah er auch schon seinen Besucher im Kreuzgang auf ihn warten. Es war Ruprecht, dessen Gesichtsausdruck ihn das Schlimmste ahnen ließ.

»Was ist los, willst du mich besuchen? Wie siehst du aus, ist etwas Schlimmes geschehen?«

Antonius sah, wie sich die Augen seines Mitbruders mit Tränen füllten. Ruprecht schluckte ein paar Mal und versuchte, seine Botschaft hervorzubringen. Endlich gelang es ihm unter Mühen zu sprechen:

»Du musst mit mir kommen. An ein Krankenbett. Vielleicht ist noch etwas zu retten, aber ich glaube es kaum.«

»Nun sag endlich, was los ist.« Antonius war dabei, ungeduldig zu werden.

»Gretgen Ulner«, war das einzige, was er sagen konnte, und es traten ihm wieder die Tränen in die Augen.

»Was ist mit ihr? Hat es was mit ihrer Schwangerschaft zu tun?«

»Ja, oder eher mit der Geburt. Das Kind ist wohlauf, doch Gretgen hat schwere Blutungen, die nicht zu stillen sind. Sie wird es, glaube ich, nicht überleben. Komm mit, wenn du sie noch lebend sehen willst.«

Antonius vertat keine Zeit, sich bei der Äbtissin abzumelden, er sagte nur der Pförtnerin, dass er dringend in sein Kloster zurück müsse. Der Kutscher stand plötzlich wie aus dem Boden gewachsen neben der Kutsche, sie stiegen schnell ein und fuhren mit großem Tempo los. Während der Fahrt redeten beide nicht miteinander, jeder war mit seinen Gedanken beschäftigt, Antonius wiederholte leise immer wieder: »Herr, lass es nicht geschehen!«

Nach einer Fahrt, die beiden endlos vorkam, hielten sie vor dem Haus Ulner auf dem Markt. Antonius stieg aus und ging vorsichtig auf die Haustür zu. Er fand sie angelehnt und ging in den Hausgang. Er ging durch bis zur Küche und sah die Köchin mit rot verweinten Augen. Sie nickte nur und ging zur Krankenstube. Kurz danach kam sie wieder und sagte: »Ihr könnt kommen.«

Der Anblick, der sich Antonius bot, schnürte ihm die Kehle zu.

Gretgen lag auf einem Bett, bis zu den Schultern zugedeckt, ihr Gesicht und ihre Hände, die auf der Bettdecke lagen, waren so bleich wie Alabaster, sie hatte die Augen geschlossen und schien kaum noch zu atmen. Ihre rotblonden, lockigen Haare, die immer aus ihrer Haube herauszupurzeln schienen, umrahmten in Strähnen ihr Gesicht. Er sah, wie furchtbar sie gelitten haben musste. Die Hebamme, eine gutmütig aussehende, kräftige Frau, stand zu Füßen des Bettes und betrachtete die Kranke aufmerksam. Thomas saß an ihrem Bett und hielt eine Hand über der ihren, als wollte er ihr etwas von seiner Wärme, von seinem Leben abgeben. Über sein sonst immer so fröhliches Gesicht flossen die Tränen, seine Schultern zuckten. Er blickte auf zu Antonius und sah ihn dankbar an. Sein Freund war in dieser furchtbar schweren Stunde bei ihm, das tröstete ihn ein wenig. Der Mönch ging näher heran und legte Gretgen die Hand auf die Stirn. Gretgen schien das zu merken und öffnete ganz leicht die Augen. Ihr Blick schien von weither zu kommen und richtete sich ganz langsam auf Antonius. Keine Regung war in ihren Augen zu sehen, nur ein ganz leichtes Nicken mit dem Kopf zeigte, dass sie ihn wahrnahm.

»Schick zum Kloster und lass Pater Everardus holen. Wenn einer noch helfen kann, dann ist er es.«

Wenig später trat sein Mitbruder ins Zimmer. Er sah kurz zu Gretgen und winkte dann der Hebamme, mit ihm vor die Tür zu gehen. Als sie wiederkamen, war sein Blick sehr ernst. Er schüttelte leicht den Kopf, Thomas und Antonius nahmen das Urteil wahr. Und da sah Antonius etwas im Gesicht seines Mitbruders, das er nie vermutet hätte. Ruprecht schien in seinem Inneren berührt und tiefe Trauer erfüllte ihn. Dann schüttelte er Thomas die Hand und wandte sich schnell zum Gehen. Hier konnte er nicht mehr helfen.

Auf den fragenden Blick Antonius' sagte Thomas leise: »Der Pfarrer war hier.«

Gretgen tat einen tiefen Seufzer, dann war sie vollkommen still. Thomas konnte seine Tränen nicht mehr zurückhalten und weinte haltlos. Auch Antonius rannen die Tränen über die Wangen. So blieben sie noch lange am Totenbett sitzen, der Mönch nahm Thomas in den Arm. Die Hebamme hatte das Zimmer leise verlassen, um den übrigen Hausbewohnern die Nachricht zu überbringen. Dann ging sie in das Zimmer, in dem das Neugeborene auf dem Arm einer Magd lag. Sie wusste, was als nächstes zu tun war. Es musste eine Amme gesucht werden, um den Jungen, der vollkommen gesund zu sein schien, zu ernähren.

Nach und nach traten die übrigen Familienmitglieder an das Totenbett, die beiden Kinder, die ihre tote Mutter und ihren Vater mit großen Augen ansahen und die Situation nicht zu begreifen schienen. Als der Vater die beiden an sich drückte, zerriss es Antonius fast das Herz und er musste sich abwenden. Er drückte Thomas und den Kindern die Hand und ging hinaus. Thomas' Vater wartete, um in das Sterbezimmer zu gehen, wie und auch Gretgens Eltern und ihr Bruder. Alle schauten traurig, nickten Antonius zu, der sagte, dass er kurz ins Kloster müsse. Sein Blick war so verschleiert, dass er die Menschen auf seinem Weg nicht bemerkte. Er musste alleine sein, in seine Klosterkirche gehen, um dort in stillem Gebet mit seinem Gott zu ringen.

Nach langer Zeit in der Kirche, es ging schon gegen Abend und die Vesper stand bevor, richtete sich Antonius auf und ging in den Kreuzgang. Dort wartete schon Everardus mit bekümmertem Gesicht.

»Sie konnte es nicht überleben. Eine der wichtigen Adern war durch die schwierige Geburt geplatzt, und sie ist verblutet. Die Hebamme hat es mir erzählt. Wie mir die Familie leid tut.«

Der Abt, der gerade vorbei kam, sah Antonius an und sagte ihm, dass er ihn nach der Vesper sprechen wollte. Das Stundengebet fiel Antonius schwer, sein vorherrschendes Gefühl war Zorn darüber, dass ein so liebenswerter Mensch wie Gretgen Ulner so früh sterben und ihren Mann, ihre Kinder verlassen musste. Er dachte an das Wort des Jeremia: ›In Rama hört man Klagerufe, lautes Weinen und Wehgeschrei; Rahel klagt um ihre Kinder, und will sich nicht trösten lassen, denn sie sind alle tot.‹ Was der Evangelist hier nach dem Kindermord zu Bethlehem über Rahel sagt, traf auch auf ihn zu: Er wollte sich nicht trösten lassen, wenigstens noch nicht.

Der Abt nahm ihn mit in sein Gemach und bat Antonius, sich hinzusetzen. Er selbst setzte sich hinter seinen Tisch und schaute ihn fragend an.

»Gretgen Ulner ist heute nach der Geburt ihres dritten Kindes gestorben.« Mehr konnte Antonius nicht herausbringen.

»Everardus hat es mir schon gesagt. Er wirkte sehr verstört. So habe ich ihn noch nie erlebt. Die arme Familie, die haben es wirklich nicht verdient. Ich kann gut verstehen, dass du niedergeschlagen bist. Sag mir, wenn wir etwas für die Familie tun können.«

Antonius war dankbar, dass der Abt ihn sofort wieder entließ. Er ging in die Bibliothek, stellte sich an sein Pult und versuchte in dem Folianten zu lesen, der aufgeschlagen vor ihm lag. Doch der Text verschwamm vor seinen Augen. Da öffnete sich leise die Tür und Ruprecht trat vorsichtig in den Raum. Antonius blickte auf und winkte ihn zu sich heran.

»Es ist gut, dass du da bist. Ich bin so verzweifelt. Wie konnte Gott das zulassen?«

Ruprecht sah, wie sehr sein ehemaliger Meister litt. Er dachte daran, wie er bei ihm von Hiob gehört hatte, der bei allem furchtbaren Leid sagen konnte: ›Der Herr hat gegeben, der Herr hat genommen; gelobt sei der Name des Herrn.‹ Er spürte, dass Antonius noch nicht soweit war und versuchte erst gar keine Antwort. So standen sie eine ganze Zeit, regungslos, ohne ein Wort zu sagen. Ruprechts Anwesenheit tat seinem Bruder gut, der langsam wieder ruhiger atmen konnte. Die Komplet tat dann das ihre dazu, dass Antonius sich auf seinem Strohsack niederlassen konnte und, ohne lange warten zu müssen, einschlief.

Die Tage bis zur Beerdigung Gretgens waren ausgefüllt mit Pflichten, Antonius ging immer wieder zur Familie Ulner und tat das ihm Mögliche, um zu helfen. Das Requiem am Morgen des dritten Tages versammelte noch einmal viele Menschen aus der Stadt und der Umgebung. In der noch immer unfertigen Pfarrkirche hatte man ein Grab hergerichtet, wie es für die vornehmen Gladbacher Familien Brauch war. Dort wurde Gretgen Ulner unter den üblichen Zeremonien beigesetzt, als der Sarg abgesenkt wurde, war die Kirche erfüllt vom Weinen und Schluchzen der Hinterbliebenen und der vielen, die ehrlichen Anteil nahmen. Thomas Ulners Gesicht war wie versteinert, es schien, als ob die Quelle seiner Tränen inzwischen versiegt war. Seine beiden

Kinder schmiegten sich eng an ihn, sein Vater und Gretgens Eltern starrten ins Leere und schienen von der ganzen Feier nichts mitzubekommen.

Antonius war froh, dass nicht er, sondern der Pfarrer das Requiem* halten musste, so konnte er seinen eigenen Gedanken nachgehen. Gab es eine einleuchtende Erklärung für so harte Schicksalsschläge? Die Menschen, die an Dämonen und Hexen glaubten, hatten es vielleicht leichter. Solche Wesen konnte man für Gott weiß was verantwortlich machen. Da fielen ihm die beiden Nonnen aus Novum Opus wieder ein, die tote Katharina und die verschwundene Theresa. Wenn er etwas gegen diese Verirrungen seiner Zeit tun konnte, dann war es, den oder die Verbrecher zu finden und sie einer gerechten Strafe zuzuführen. Er würde so bald wie möglich wieder zu den Nonnen gehen und notfalls jeden Stein umdrehen.

Nach dem Requiem lud die Familie noch die Verwandten und nächststehenden Bekannten ein zu einer Mahlzeit und einem kurzen Umtrunk, bei dem deutlich wurde, wie schwer es Thomas, seinem Vater und den Schwiegereltern fiel, Haltung zu bewahren. Doch alle wussten auch, dass der Brauch eine tiefe Weisheit in sich trug, indem sich ganz langsam Trauer in Dankbarkeit verwandelte, wenigstens an diesem Tag. Was noch kommen würde, das wusste jetzt noch niemand. Antonius brauchte nichts zu sagen, er wusste, wie vorschneller Trost auf die Hinterbliebenen wirken musste. Er war einfach da und vermittelte so seinem Freund Thomas und den anderen das Gefühl, immer da zu sein zu sein, wenn er gebraucht würde.

---

* Die Totenmesse

14. Kapitel

Theresa war noch immer in dem Raum, den sie mittlerweile als Gefängnis erlebte. Obwohl er fast völlig finster war, schien er nicht ganz von der Außenwelt abgeschlossen zu sein. Die Luft war nicht stickig oder abgestanden, sondern verhältnismäßig frisch, irgendwo musste eine Öffnung in der Wand sein. Ihr Bewacher kam regelmäßig zu ihr, brachte ihr zu essen und Wasser, damit sie sich reinigen konnte. Bei Berührungen war sie sich nie sicher, ob sie zufällig oder beabsichtigt waren. Eines empfand sie aber als zutiefst beunruhigend und verursachte ihr Panik: Er hatte sie mit einem dünnen Lederriemen um den Hals an ihre Liege gefesselt, so dass sie den Kopf nur ganz wenig anheben konnte und dazu verurteilt war, immer auf dem Rücken zu liegen. Davon schmerzte schon ihr ganzer Körper. Trotzdem wagte sie nicht zu schreien, denn dann wäre ihr Hals stärker geworden und sie hätte die Fessel als noch unangenehmer empfunden. Sie fühlte sich vollkommen ausgeliefert; so musste man sich wohl fühlen, wenn man gewürgt wurde. Nur beim Waschen und beim Essen und Trinken wurde der Riemen gelöst; wenn das vorbei war, wurde sie mit solch sanfter und doch erschreckender Gewalt wieder gefesselt, dass kein Zweifel mehr bestehen konnte: Sie war in Gefangenschaft, und ihre Haftbedingungen schienen sich langsam zu verschärfen. Wenn sie nicht bald gerettet wurde, würde sie in genau so einer Katastrophe enden wie ihre Mitschwester. Wie sehr sehnte sie sich nach der Geborgenheit ihres Klosters. Wie töricht war sie gewesen, sich auf so eine zweifelhafte Verabredung einzulassen. Sie konnte kaum noch begreifen, dass sie auf Katharina eifersüchtig gewesen war.

***

Im Kloster von Novum Opus war man fast schon zum Alltag zurückgekehrt. Die Gräueltaten und das Verschwinden Theresas waren zwar noch immer wie eine offene Wunde, aber sie schmerzte weniger stark, so dass man nicht immer an sie denken musste. Nur Schwester Hildegundis ging vor allem der Verbleib Theresas nicht aus dem

Kopf. So suchte sie das Gespräch mit Antonius, der sich inzwischen wieder in Novum Opus eingefunden hatte. Und Antonius war nur zu gern bereit, sich mit ihr zu unterhalten.

»Bruder Antonius, hast du schon einmal darüber nachgedacht, welche Bedingungen der Ort erfüllen muss, an dem Theresa festgehalten wird?«

»Du hast recht, Schwester, ihr Aufenthalt muss mehrere Bedingungen erfüllen: Es muss ein Ort sein, der fernab von anderen Häusern ist, damit niemand etwas sieht oder hört von dem, was sich da abspielt. Der Weg dorthin muss verborgen sein, denn sonst wäre der Täter womöglich von jemandem beobachtet worden. Und eine solche Beobachtung ist mir nicht mitgeteilt worden, obwohl wir viele Menschen in der Umgebung befragt haben.«

»Der Wald um uns herum bietet sicher solche Möglichkeiten, man müsste ihn mal genauer untersuchen.«

»Ich habe ihn schon oft durchstreift, aber, so muss ich gestehen, immer auf denselben Pfaden. Schade, dass Jan nicht mehr lebt, er könnte mich überall hinführen.«

Da fiel Antonius das Angebot des Bauern Walter ein, ihm seinen Oberknecht als Hilfe zur Seite zu geben. Er würde bei nächster Gelegenheit fragen, ob er darauf zurückkommen könne.

Am späten Nachmittag machte Antonius noch einen Spaziergang durch den Klostergarten. Einige Nonnen waren bei leichter Gartenarbeit, Erde musste gelockert werden, nachdem es am Tag vorher kurz geregnet hatte. Der Boden war lehmig und wurde beim Trocknen hart wie Stein, was für die Pflanzen nicht gut war. Der Anblick der Frauen, wie sie zu mehreren die Reihen entlang gingen und die Erde aufhackten, hatte für Antonius etwas so Friedliches, etwas so Berührendes, dass er sich fragte: ›Wie ist es möglich, dass unter dieser Oberfläche soviel Leid, soviel Grausamkeit herrschen wie Hexenwahn, Mord und Entführung.‹ Hinzukam kam der Tod eines geliebten Menschen, der seinen inneren Frieden trübte. In diesem Augenblick rief die Glocke zur Vesper, und er ging mit den Schwestern in die Kirche. Er war froh, durch das Gebet ein wenig Ablenkung zu finden. Zu mehr konnte es im Augenblick nicht dienen.

Am nächsten Morgen ging Antonius zum Dammer Hof und fragte nach dem Bauern. Der war sofort bereit, ihm seinen Knecht Johann zur Seite zu geben. Unter dessen Führung machten sie sich auf den Weg. Johann war etwa dreißig Jahre alt, mittelgroß und nicht gerade kräftig, so schien es. Aber das bedeutete noch gar nichts, denn offensichtlich ersetzte er fehlende Körperkräfte durch Verstand, wie Antonius beim ersten Gespräch festzustellen glaubte. Er konnte ihm zwar nicht in die Augen sehen, weil sie hintereinander gehen mussten, Johann vorneweg, Antonius hinterher, aber was er sagte, zeugte von großer Umsicht. Er war wohl eher eine Art Aufseher über die anderen Knechte und Mägde und brauchte selbst nicht mehr so hart zu arbeiten. Er trug die Haare halblang und einen kurzen Bart. Seine Kleidung war grob, aber gepflegt. Antonius stellte sich vor, dass er eine Magd gefunden hatte, die sich um sein Gewand kümmerte. Solche Beziehungen gab es und wurden von toleranteren Herren geduldet, auch wenn sie nicht den Moralgesetzen der Kirche entsprachen. Aber ihnen war es lieber, auf dem Hof Frieden unter den Bediensteten zu haben, als auf der genauen Einhaltung der Gebote, in diesem Fall des sechsten Gebotes, zu achten. Auch in dieser Gesellschaftsschicht war die Lehre vom geringeren Übel angekommen, nicht nur bei den hohen Herrschaften.

Das Wetter hatte schon in der Nacht eine Wende gebracht, ein Gewitter war niedergegangen mit viel Blitz und Donner, am Morgen war es wieder trocken, die Temperatur erträglicher als an den Tagen zuvor. Gute Bedingungen für einen Erkundungsgang. Johann legte einen kräftigen Schritt vor, Antonius hatte zunächst Mühe, ihm zu folgen. Hier war er noch nie gewesen, doch Johann kannte sich anscheinend aus.

Nachdem sie etwa eine Viertelstunde gegangen waren, weitete sich plötzlich der Weg zu einer kleinen Lichtung. Das Gras stand ziemlich hoch, und am Rand lag ein von Sträuchern überwuchertes Gebäude. Antonius sah es erst im letzten Augenblick, so versteckt war es. Der Knecht schien gar keine Notiz davon zu nehmen und ging einfach weiter. Auch Antonius ließ sich nichts anmerken, beschloss aber im Stillen, diesem Haus später einen Besuch abzustatten. Es lag zwar etwas weit weg von den anderen Häusern, doch sonst erfüllte es die Bedingungen, die er mit Schwester Hildegundis erörtert hatte. Er versuchte, sich die Himmelsrichtung zu merken, dabei kam ihm die helle Glocke des Klosters zu Hilfe, die die Nonnen offensichtlich zur Terz rief. Es musste also neun Uhr sein, und so konnte er mit Hilfe der Sonne bestimmen, dass die Lichtung in südöstlicher Richtung vom Kloster liegen musste. Hier war er nicht zum letzten Mal gewesen. Die beiden gingen noch ein Stück tiefer in den Wald bis ihm der Knecht eröffnete, dass er gern wieder zu seinem Hof zurückkehren wollte, um dort nach dem Rechten zu sehen. Das war Antonius gar nicht unrecht, denn er glaubte, zunächst genug gesehen zu haben. Er war froh, dass sie auf demselben Weg zurückgingen, so war es einfacher für ihn, die Lichtung wiederzufinden. Warum hatte der Knecht ihn hierher geführt? Wollte er ihm einen Hinweis geben? Wusste er mehr, als er sagen wollte? Er musste herausfinden, was es mit dem Haus auf der Lichtung auf sich hatte. Aber wie? Am helllichten Tag konnte er nicht hingehen, das hätte den möglichen Entführer gewarnt. Und wenn er daran dachte, wie knapp er einem Attentat entgangen war, musste er annehmen, dass der Täter höchst gefährlich war. Also musste er bis zum Abend warten, doch das machte die Suche nicht leichter. Zum Glück war letzte Nacht fast Vollmond, wenn es also diese Nacht nicht bewölkt war, konnte er wenigstens etwas sehen.

Den Rest des Tages verbrachte Antonius im Kloster, in tiefes Nachdenken versunken. Sollte er eine Vertrauensperson in seinen Plan einweihen? Er dachte an Schwester Hildegundis. Aber sie würde ihm sicher dringend abraten, allein in den Wald zu gehen, und auf Begleitung war er nicht aus. Er würde mit aller Vorsicht zur Lichtung gehen und nur beobachten. Wenn er etwas sah, das der Aufklärung diente, müsste er Hilfe holen. Äußerste Vorsicht war geboten.

Gegen Abend, nach der Vesper, machte er sich auf den Weg. Skapulier und Kapuze hatte er in seiner Zelle gelassen, so hoffte er, nicht gleich als Mönch erkannt zu werden. Er benutzte nicht die Pforte, um nicht von der Pförtnerin gesehen zu werden, sondern das kleine Törchen, durch das Besucher auf direktem Weg zur Kirche gelangen konnten. Es nahmen immer Gläubige an der Vesper teil, deshalb war das Törchen unverschlossen. Es war noch nicht dunkel, aber die mit ihm das Kloster verließen, nahmen keine besondere Notiz von ihm. Die Richtung, in die er gehen musste, hatte er sich genau gemerkt, er ging nur kurz in den Wald und setzte sich auf einen umgestürzten Baumstamm etwas abseits des Weges und wartete.

›Warum warte ich eigentlich hier und nicht auf der Lichtung? Bei diesem Licht kann ich den Weg doch viel besser finden als in der Dunkelheit. Durch die Bäume wird sowieso nur wenig Mondlicht scheinen. Da kann ich mich leicht verlaufen. Andererseits ist die Gefahr, entdeckt zu werden, jetzt größer als in der Nacht.‹

Er horchte noch einmal mit gespannter Aufmerksamkeit in den Wald hinein. Immer wieder hörte er Nachtvogelgeschrei und Knacken von trockenem Holz, wobei er nicht wusste, ob das Geräusch von Menschen oder von Tieren kam. Es wehte ein leichter Wind, der in den Blättern rauschte. Das war ein Geräusch, das ihn wieder beruhigte. Also nahm er seinen Mut zusammen und ging los. Seine Schritte wurden gedämpft durch Gras und Moos, er bemühte sich, nicht auf dünne Äste zu treten. Immer wieder hielt er an und horchte, aber die Geräusche waren wie immer. Einmal hatte er das Gefühl, sich verlaufen zu haben, eine Weggabelung, an die er sich nicht mehr erinnerte, verwirrte ihn. Aber dann entschied er sich, nach rechts zu gehen, weil er glaubte, das dieser Weg die ursprüngliche Richtung beibehielt. Das Glück verließ ihn nicht, nach kurzer Zeit kam er auf die Lichtung und ging sofort in Deckung. Es war immer noch nicht völlig dunkel, und mit der Zeit gewöhnten sich seine Augen an die Dämmerung. Er wollte noch näher an das Haus heranrücken und versuchte, vorsichtig in der Deckung des Waldes die Lichtung zu umrunden, bis er ganz nah am Haus war.

Was er am lautesten zu hören glaubte, war sein Herzklopfen. Antonius fürchtete, dass auch jemand anderes es hören konnte. Mit der Zeit wurde er ruhiger, er setzte sich auf einen Baumstamm und wartete.

Mit einem Mal glaubte er, etwas aus dem Haus zu hören, das wie ein Schrei klang. Er hielt den Atem an. Wieder hörte er sein eigenes Herz klopfen. Dann erklang der Schrei wieder, nur diesmal aus einer etwas anderen Richtung. Er konnte wieder ausatmen. Es musste ein

Vogelschrei gewesen sein. Sonst gab es keinerlei Regung. Er schlich sich noch näher an das Haus heran, fand eine Tür und horchte daran. Nichts! Kein Laut drang heraus. Selbst wenn es ein leichtes Stöhnen gewesen wäre, er hätte es gehört. Antonius wartete noch etwa eine Stunde, dann ging er langsam und vorsichtig wieder zum Kloster zurück. Wie würde er wieder unbeobachtet hineinkommen? Er versuchte es zuerst an der kleinen Kirchenpforte, aber die war verschlossen. Also blieb ihm nichts anderes übrig, als zur Pforte zu gehen und dort zu klopfen. Nach einiger Zeit kam die Pförtnerin und sah ihn aus verschlafenen Augen an. Es wäre ihr aber nicht in den Sinn gekommen, Fragen zu stellen. Der Mönch aus Gladbach durfte fast alles. Also ließ sie ihn wortlos ein und Antonius konnte sich zur Ruhe begeben. Die trat bei ihm, ganz seiner Gewohnheit gemäß, sofort ein.

15. Kapitel

Am nächsten Morgen verpasste Antonius tatsächlich das Stundengebet und das Morgenmahl. Sein nächtlicher Ausflug hatte ihn doch mehr Kraft gekostet, als er für möglich gehalten hatte. Als er erwachte und mit leichtem Schuldgefühl seine Zelle verließ, stellte er fest, dass im Kloster emsiges Treiben herrschte. Nonnen rannten an ihm vorbei, nickten ihm nur kurz zu und verschwanden sofort wieder. Lediglich Schwester Hildegundis hatte ein Einsehen und klärte ihn auf: Abt Johannes von Brauweiler hatte in einem Brief sein Erscheinen noch für diesen Tag angekündigt und damit naturgemäß großen Wirbel verursacht. Was Zucht und Ordnung angeht, brauchte man sich in Novum Opus keine Sorgen zu machen, Frau Odilia hatte schon immer für Disziplin gesorgt. Aber die Spekulationen über die Gründe für einen so plötzlichen Besuch des Commissarius des Klosters machten die Runde. Waren es die schrecklichen Verbrechen der letzten Monate? War es eine Beschwerde des Kaplans, der ja nach Brauweiler abgereist war? War es die Anwesenheit eines Mönchs aus Gladbach, die ihn beunruhigte? Antonius überlegte, ob es unter den gegebenen Umständen ratsam sei, sich bei der Äbtissin zu melden. Er konnte ja immer den Vorwand benutzen, über die neuesten Entwicklungen seiner Untersuchungen berichten zu wollen, aber so viel Neues gab es ja eigentlich nicht. Und von seiner vergeblichen Suche letzte Nacht wollte er natürlich lieber nicht berichten. Er wurde seinen Überlegungen enthoben durch die Begegnung mit der hohen Frau im Kreuzgang. Sie lächelte ihm in für sie ungewöhnlich freundlicher Weise zu und hielt kurz an.

»Pater Antonius, wir erwarten einen hohen Besuch in unserem Kloster, nämlich von Abt Johannes von Brauweiler. Ich bekam gestern ein Schreiben, in dem er sich ganz kurzfristig ankündigte. Ich würde mich freuen, wenn du dich bereit hieltest, um gegebenenfalls an den Gesprächen teilzunehmen.«

Damit war sie auch schon weiter gegangen. Antonius schaute ihr nach. Auch war ihm eine gewisse Anspannung bei Odilia nicht verborgen geblieben, und er war froh, dass sie diese Anspannung nicht durch barsches Verhalten zu überspielen versuchte, sondern durchaus liebenswürdig zu ihm gewesen war.

Wenn Abt Johannes heute Morgen mit der Kutsche in Brauweiler abgefahren war, dann konnte man ihn heute Abend erwarten. Ob er sich von Pater Walram begleiten ließ? Dann würde es ihm sicher um eine Verbesserung der Beziehung zwischen dem Mönch und der Äbtissin gehen. Antonius nahm sich vor, seiner Rolle entsprechend zuerst einmal abzuwarten. Wenn die Verbrechen zur Sprache kämen, würde ihm schon einfallen, was er sagen könnte.

Trotz des immer schon makellosen Zustandes des Klosters wirbelten Nonnen und Mägde überall im Haus herum und entfernten noch die letzten Staubkörner aus den entlegensten Ecken. Die Türen wurden noch einmal frisch poliert, in den Steinböden des Kreuzgangs und der Flure konnte man sich spiegeln, die Messingbeschläge glänzten fast überirdisch. In der Kirche wurden die Altartücher gewechselt, in der Sakristei die kostbarsten Gewänder ausgelegt und gründlich geprüft, eine Albe* mit kostbarem Stickbesatz am Saum, einen Chormantel für das feierliche Stundengebet und eine Kasel mit Goldbrokatverzierungen, die so schwer war, dass sie den hohen Herrn sehr bedrücken würde. Aber: Ehre, wem Ehre gebührt; das war das Schicksal hoher Würdenträger, dass für sie immer die kostbarsten Gegenstände hervorgeholt wurden, die man aufbieten konnte. Das beste Gastzimmer wurde gelüftet und mit frischem Leinen ausgestattet, und die Küche war auch ohne besondere Anweisung darauf bedacht, das Edelste und Schmackhafteste auf den Tisch des Gastes zu bringen. Auch wenn Äbte oder Bischöfe manchmal seufzten, dass sie immer nur gehobene Speisen vorgesetzt bekamen, so waren sie dennoch besonders gern bei Ordensfrauen zu Gast, die sich ihnen mit größerer Fürsorge widmeten als der männliche Klerus.

Der Tag verging mit Stundengebet, Mahlzeiten und Gängen durch den Klostergarten. Das eigentliche Klostergelände verließ Antonius nicht, nach der Enttäuschung der letzten Nacht brauchte er einen neuen Anhaltspunkt für weitere Untersuchungen. Zwischendurch ergab

---

* Albe und Kasel sind liturgische Gewänder

sich die Gelegenheit, mit Schwester Hildegundis zu sprechen, zu der er immer mehr Vertrauen hatte. Er erzählte ihr von seinem nächtlichen Ausflug, wie er durch die Führung des Oberknechtes vom Dammer Hof auf eine Spur gekommen war, die sich aber als Fehlschlag herausstellte. Die Schwester konnte auch nichts Erhellendes beitragen, aber sie nahm sichtbar Anteil an seiner Enttäuschung.

Am Abend, zwischen sieben und acht Uhr, kam der hohe Gast endlich an. Die ursprünglich schwarze Kutsche war über und über mit Staub bedeckt, es sah aus, als ob der Kutscher Anweisung hatte, mit höchster Geschwindigkeit zu fahren. Kräftig durchgeschüttelt trat der Abt, nachdem der Kutscher vom Bock gesprungen war und die kleine Treppe heruntergeklappt hatte, heraus und stieg mit einiger Mühe und der Unterstützung des Kutschers aus. Die Äbtissin eilte herbei und erwies ihrem Gast eine für ihre Verhältnisse tiefe Reverenz. Der Abt ließ ihren Ringkuss mit einer beschwichtigenden Geste zu und unterband ihren Kniefall, indem er sie an den Unterarmen fasste und hochhob. Das war wiederum ungewohnt für Frau Odilia, für die körperliche Nähe, besonders zu einem Mann, sehr befremdlich war. Sie ließ sich aber nichts anmerken. Die freundlich erscheinende Atmosphäre sollte auf keinen Fall getrübt werden.

Da Odilia sah, wie abgespannt ihr Gast war, bot sie ihm an, sich in sein Gemach zurückzuziehen, um sich dort zu erfrischen. Der Begleiter des Abtes, ein junger Mönch, ging mit und ließ ihn kurz allein, um seine Zelle neben der des Abtes zu besichtigen. Von Walram, dem Kaplan, war nichts zu sehen.

Nach kurzer Zeit hatte sich Abt Johannes so weit erholt, dass er unter Begleitung einer Schwester zusammen mit seinem Mitbruder zur Äbtissin in ihre Gemächer geführt werden konnte, wo die Gastgeberin ein einfaches Mahl vorbereitet hatte. Nachdem man Platz genommen hatte, sich stärkte mit Brot, kaltem Fleisch von Huhn, Gans und Fasan und dazu einen Becher Wein trank, entspannte sich die Situation sichtlich. Die Äbtissin hätte sich eher die Zunge abgebissen, als nach dem Anlass zu fragen, der den Klosterkommissar nach Novum Opus geführt hatte. Sie wartete einfach ab, früher oder später würde sie schon genug erfahren.

Ihr Gast, ein schmächtiger Mann, dessen einfache Kutte zu groß für ihn schien, hatte inzwischen durch die Wirkung des Weins wieder etwas Farbe in seinen scharfen Gesichtszügen bekommen. Ohne große Umschweife kam er auch zu den Gründen seines Besuches.

»Die Sorge um den Frieden in eurem Kloster hat mich hierher geführt. Nicht, wie ihr vielleicht denkt, was mir Pater Walram erzählt hat von seinem Verhältnis zu euch, da weiß ich den Wert seiner Aussagen wohl einzuschätzen. Sein schwieriger Charakter ist mir wohlbekannt. Ich trage mich deshalb mit dem Gedanken, ihn auf Dauer abzulösen. Doch zunächst verlange ich von ihm, für eine gewisse Frist zu euch zurückzukehren, schon um ihm deutlich zu machen, dass er nicht bloß Wünsche zu äußern braucht, die ihm sofort erfüllt werden.«

Die Äbtissin hatte aufmerksam zugehört, ihre ernsten Gesichtszüge entspannten sich fast unmerklich. Sie wartete weiter ab.

»Nein, der Grund meines so plötzlichen Besuchs sind die Vorkommnisse bei euch in den letzten Monaten. Ich möchte durch meine Anwesenheit bekunden, wie sehr ich mit euch und euren Mitschwestern fühle, sind doch Dinge geschehen, die zu größter Besorgnis Anlass geben. Bitte seid so gut und schildert mir, was sich hier zugetragen hat.«

Odilia musste sich zuerst einmal räuspern, kam dann aber schnell zur Sache:

»In der Tat haben wir mit schweren Anfechtungen zu kämpfen. Unsere Mitschwester, Katharina von Raedt, wurde grausam ermordet im Wald unseres Klosters gefunden. Der Entdecker ihrer Leiche, ein Bauer aus unserer Nachbarschaft, ist ebenfalls auf rätselhafte Weise umgekommen. Aber damit nicht genug, wir sind in größter Sorge um unsere Mitschwester Theresa, die plötzlich verschwunden ist. Wir wissen nichts über ihren Verbleib, alle Anstrengungen, sie zu finden, haben nicht zum Erfolg geführt.«

»Zwei Todesfälle und eine Entführung, so will ich das Verschwinden eurer Mitschwester einmal nennen, bringen das Leben in einem Kloster vollkommen durcheinander. Nun meine Frage: Was habt ihr getan, um dem Verbrecher oder den Verbrechern auf die Schliche zu kommen? Habt ihr selbst genug Mittel und Wege, die Sache aufzuklären? Denn ich glaube, es wird erst wieder Ruhe einkehren, wenn der Fall vollständig aufgeklärt ist.«

»Die Mittel und Wege haben wir natürlich nicht. Deshalb schien es mir richtig, einen Mönch aus der Abtei Gladbach zu bitten, uns bei der Suche nach den Schuldigen zu unterstützen.«

»Bitte lasst mich raten. Ist es zufällig Pater Antonius, dessen Fähigkeiten sich schon bis zu uns herumgesprochen haben? Wenn Ihr das wollt und mein Mitbruder Ägidius einverstanden ist, soll er sich ruhig hier umsehen. Ich werde mich morgen mit ihm unterhalten und seine Sicht der Dinge erfragen. Wenn ich es recht sehe, ist gleich die Komplet, die würde ich gern mit Euch zusammen halten und mich dann zur Ruhe begeben, denn ich bin von der Reise ziemlich ermüdet.«

Der Abt hielt auch die Morgenmesse unter Assistenz des Priors Heinrich. Gegen ihn, der einen prächtigen Chormantel trug, sah der Zelebrant eher aus, als ob ihm das Messgewand zu groß sei und er Mühe habe, sich darunter zu behaupten. Doch die ernste, in sich gekehrte Ausstrahlung des hohen Herrn verfehlte ihre Wirkung nicht, auch nicht auf Antonius. Ihm war schon übermittelt worden, dass er zu einer Unterredung mit dem hohen Gast gebeten werde. Er dachte darüber nach, was der wohl von ihm wissen wollte. Er musste vorsichtig sein, vor allem bei Fragen zu seinen Untersuchungen bei Grevenbroich. Hier war also diplomatisches Geschick erforderlich.

Nach dem Morgenmahl zogen sich Odilia und Johannes noch einmal zu einem Gespräch unter vier Augen zurück. Gleich danach wurde die Terz gehalten und anschließend Antonius zum Abt gebeten. Als er an die Tür geklopft hatte und von innen ein lautes »Tritt ein!« hörbar wurde, betrat er die Stube, in der Johannes in einem bequemen Stuhl saß. Die Rückenlehne überragte ihn beträchtlich und ließ ihn noch kleiner erscheinen als ohnehin schon. Er hatte die Hände zusammengelegt und begrüßte seinen Gast mit einem lauten: »Gelobt sei Jesus Christus.« »In Ewigkeit, Amen«, antwortete Antonius und nahm auf einem etwas niedrigeren, aber doch bequemen Stuhl Platz. Mit Genugtuung sah er, dass sonst niemand im Raum war.

»Ich habe dich hergebeten, um mit dir unter vier Augen über die Geschehnisse zu sprechen. Die Tatsache, dass dein Vater Abt dir sein

Vertrauen schenkt, veranlasst auch mich, mit dir offen zu sprechen. Ich weiß, dass es ungewöhnlich ist, dass sich ein Klosterkommissar persönlich in sein ihm anvertrautes Kloster begibt, doch was mir zu Ohren gekommen ist, macht mir erhebliche Sorgen. Zuerst erreichte mich ein Schreiben der Äbtissin, in dem sie befürchtet, dass das Verbrechen an Schwester Katharina Teufelswerk sei. Sie geht nicht genau auf die Gründe ein, die sie zu dieser Annahme führten. Nun kennen wir ja alle die Vorkommnisse, die zu Hexenprozessen geführt haben mit sehr schrecklichen Folgen. Ich selbst muss dir ehrlich sagen, dass ich sehr vorsichtig bin, wenn es um Hexenverfolgung geht. Ich weiß, dass der Volksglaube für derartiges sehr anfällig ist, aber wir, die wir in unseren Studien gelernt haben, allem Aberglauben gegenüber ablehnend zu sein, sollten einen klaren Kopf bewahren und nicht sofort alles glauben, was an Gerüchten umläuft.«

Antonius schaute ihn aufmerksam an und dachte: ›Endlich wieder ein Gleichgesinnter! Das lässt hoffen.‹ Er sagte aber nichts.

»Deshalb war ich sehr froh, als die Äbtissin mir mitteilte, dass du mit den Untersuchungen betraut wurdest. Hatte ich doch schon viel von dir gehört. Selbst in unserer Nähe hast du dich ja schon umgetan, um etwas zu untersuchen, von dem ich allerdings keine Ahnung habe. Ich nehme an, dass dein Abt dich beauftragt hatte.«

›Vorsicht, Vorsicht,‹ dachte Antonius, ›jetzt bewegen wir uns auf dünnem Eis.‹ Soviel kannte er aus der Jägersprache, dass er wusste, was ›auf den Busch klopfen‹ bedeutet. Er versuchte eine diplomatische Antwort, die ihm selbst ein wenig hohl klang:

»Ich hatte in der Tat den Auftrag des Abtes, nach etwas zu suchen, das er unterwegs auf seiner Reise zu eurem Kloster verloren hatte. Dabei stieß ich auf eine übel zugerichtete Leiche, von der ich dem Vogt in Grevenbroich Kenntnis geben musste. So kam die ganze Bandengeschichte heraus, von der ihr ja sicher gehört habt.«

Der Abt machte ein verständnisvolles Gesicht, das aber nicht ganz verbergen konnte, dass er mehr wusste, als er zugeben wollte. Aber er ließ die Angelegenheit auf sich beruhen, was Antonius zu einem fast unhörbaren Seufzer der Erleichterung veranlasste. Damit war diese Sache vom Tisch.

»Inzwischen scheint sich die Äbtissin von ihrem ursprünglichen Gedanken verabschiedet zu haben, dass der Mord an Schwester Katharina Hexenwerk sei. Das ist sicher auch in deinem Sinne, lieber Antonius. Wie ist deine Meinung zu dem, was vorgefallen ist?«

»Hier ist ein Täter am Werk, der seine Verbrechen als Teufelswerk tarnen möchte. Ich war von Anfang an der Meinung, dass das ganze nichts mit Hexerei zu tun hatte. Hier handelt es sich um jemanden, ich nehme an, einen Mann, der ein gestörtes Verhältnis zu Frauen zu haben scheint, der sie zuerst quält und dann umbringt. Dass der Bauer Jan ebenfalls Opfer dieses Täters ist, liegt für mich nahe, denn ich glaube, dass er zuviel wusste und vielleicht sogar aus diesem Wissen Kapital schlagen wollte, was dem Täter natürlich überhaupt nicht gefiel. Ich sehe große Gefahr für Schwester Theresa, die sich meiner Meinung nach auch in den Händen des Täters befindet. Leider habe ich bisher nicht herausbekommen können, wo sie gefangen gehalten wird. Ich will weiterhin alles versuchen, damit es ein Ende mit dieser schrecklichen Bedrohung hat.«

»Hast du denn jemanden in Verdacht?«

Schon wieder erklang bei Antonius die Alarmglocke. Einer der Verdächtigen war Pater Walram, aber ehe man einen solchen Verdacht ausspricht, muss man sich vollkommen sicher sein.

»Wenn ich den hätte, wäre es viel leichter für mich, in einer bestimmten Richtung zu suchen. Aber so bewege ich mich im dichten Nebel. Ich habe schon in alle Richtungen gestochert, den umliegenden Wald immer und immer wieder durchwandert und die Augen offen gehalten, aber ohne Erfolg. Die Menschen innerhalb des Klosters und außerhalb habe ich schon befragt, auch sie konnten mir nichts mitteilen, was mir hilft. Der Prior Heinrich hat mir, so gut er konnte, geholfen, aber ich habe sofort erkannt, dass er durch das Beichtgeheimnis gebunden war und mir nicht alles sagen konnte, was er wusste. Ich bin in größter Anspannung wegen Schwester Theresa, die sich bestimmt in größter Not befindet. Wenn wir sie nicht bald finden, wird es für sie der sichere Tod sein.«

***

Sie litt Schmerzen am ganzen Körper. Nicht dass ihr Bewacher sie geschlagen oder ihr sonst Gewalt angetan hätte, wenn man die Fesselung und das Einsperren nicht auch schon als Gewalt genug hätte ansehen können, nein, es war nur ihre körperliche Lage, das auf dem Rücken Liegen mit der Fesselung am Hals, die ihr wie ein Martyrium vorkam. Wie sehr verlangte sie danach, sich einmal bewegen oder laut aufschreien zu können, aber das ging nicht. Der Lederriemen um ihren Hals war so eng gezogen, dass sie nur ganz flach atmen und ihren Kopf nur ein bisschen nach links oder rechts drehen konnte. Sie konnte kaum wahrnehmen, ob es Tag oder Nacht war, sie hatte völlig das Zeitgefühl verloren. Ihr Bewacher schien regelmäßig zu kommen, um sie zu versorgen. Beim letzten Mal gelang es ihm nicht, den Knoten im Riemen um ihren Hals zu lösen, deshalb griff er zu einem ziemlich großen Dolch und durchschnitt ihn. Dabei kam er ihrem Hals so nahe, dass er ihr einen oberflächlichen Schnitt zufügte, aus dem sofort etwas Blut austrat. Sie schrie kurz auf, aber das schien ihn nicht weiter zu stören, im Gegenteil, sie hatte das Gefühl, er wolle ihr mit seinem Dolch seine Macht, seine Fähigkeit zu noch größerer Grausamkeit demonstrieren. Das Erschrecken in ihren Augen, trotz der schwachen Beleuchtung gut sichtbar, schien ihn zufrieden zu stellen. Sein Gesicht hatte sich zu einem fast unmerklichen Lächeln verzogen. Jetzt ahnte sie, was ihr noch bevorstand, wenn sie nicht gerettet würde. Ihre flehenden Gebete richteten sich auf diese Rettung, auch wenn sie nicht mehr richtig daran glauben konnte, so lange dauerte ihre Gefangenschaft schon an und die Grausamkeit steigerte sich ganz langsam aber deutlich. Was könnte sie nur tun, um auf sich aufmerksam zu machen?

Sie musste an ihre Kindheit denken, an das große und schöne Haus, in dem ihre Familie lebte, Vater, Mutter und die vielen Geschwister. Wie sie in dem Wald, der ihr Haus umgab, gespielt hatte. Dabei hatte sie gelernt, die Stimmen des Waldes zu deuten, die Gesänge und das Geschrei der verschiedenen Vögel, Kratzgeräusche von Wildkatzen, die die Baumrinde emporkletterten um Beute zu machen, Angstgeschrei von den Opfern, das Knacken von Zweigen, wenn sich größere Tiere näherten und man aufpassen musste. Hier, in ihrem Gefängnis, kam ihr dieses Wissen zugute; sie war sich sicher, dass sie in einem

Wald war. Wenn ihr Bewacher sich näherte, konnte sie das schon hören, weil alle vertrauten Geräusche aufhörten. Schritte konnte sie nur mit größter Mühe wahrnehmen, sie vermutete, dass der Waldboden mit Moos bedeckt war, das alle Geräusche dämpfte. Einmal hatte sie gedacht, Gesprächsfetzen zu hören, wenn auch nur ganz schwach. Verstehen konnte sie nichts. Wie gern hätte sie um Hilfe geschrien, doch sie konnte nicht. Damit war eine Hoffnung zunichte geworden.

16. Kapitel

Das Gelände um das Kloster fiel ganz leicht in zwei Richtungen ab, einmal gegen die Niers und einmal gegen den Gladbach, der in die Niers mündete. Beide Bäche dienten der Entwässerung des ehemaligen Sumpfgebietes. Die Landschaft, auch die Felder, waren von Gräben durchzogen. Gras und Kraut überwucherte sie an den Seiten, wenigstens einmal im Jahr mussten die Bauern, denen die angrenzenden Felder und Wiesen gehörten, sie von zu starkem Bewuchs befreien. Diese Arbeiten wurden meistens im Frühjahr erledigt, wenn es zur Bestellung der Felder noch zu früh war und man deshalb Zeit hatte. Die Gräben gaben der Landschaft einen melancholischen Charakter, zumal an beiden Ufern in regelmäßigem Abstand Kopfweiden wuchsen, die im Herbst geschnitten wurden, so dass nur noch die Stämme mit einer kopfartigen Verdickung übrig blieben. Die Weidenruten eines Jahres waren dünn und biegsam und konnten, nachdem sie geschält waren, zu verschiedenartigen Körben geflochten werden. Auf den Höfen gab es fast immer Knechte, die sich auf diese Fertigkeit verstanden, die aus verschieden starken Ruten Muster einflochten und die Körbe zu ansehnlichen Kunstwerken machten. Manche gingen sogar mit ihren Produkten auf den Gladbacher Markt und verkauften sie dort an die Hausfrauen. Der Erlös wurde dann aufgeteilt zwischen dem Bauern und dem Knecht, der für ein Zubrot immer dankbar war.

Am frühen Morgen des nächsten Tages ging ein Knecht an einem der Gräben entlang, um eine günstige Stelle zum Fischen zu finden. Was sich an Fischen in den Gräben verirrte, waren meistens Äschen, Karauschen, Brassen, Rotfedern und ab und zu eine kleine Forelle, die man mit etwas Glück und Geschick mit Speer und Netz fangen konnte. Besonders beliebt waren auch die Flusskrebse, aus denen man sehr schmackhafte Gerichte bereiten konnte. Die größeren Fischgewässer, vor allem die Fischteiche, gehörten natürlich den Grundherren und waren deshalb für einfache Menschen verboten, aber die Gräben waren so gut wie herrenlos und so durfte auch ein Knecht oder ein kleiner Bauer seine Tafel etwas abwechslungsreicher gestalten.

Da, wo der Graben eine Biegung durchfloss, schien ihm der richtige

Platz zu sein. Die Fische hielten sich gern unter dem überhängenden Ufergras auf, mit etwas Glück würde er einige fangen. Da fiel ihm eine Stelle auf, die aussah, als ob eine der Uferweiden ins Wasser gestürzt war. Das kam vor, wenn das Gewicht der Zweige für den Stamm zu groß war und die Wurzeln ihn nicht mehr halten konnten. Beim Näherkommen sah er, dass der Stamm keine Zweige mehr zu haben schien, dann bemerkte er zu seinem großen Schrecken, dass es gar keine Weide war, sondern ein Mensch, der kopfüber ins Wasser gefallen zu sein schien. Der Knecht nahm all seinen Mut zusammen und berührte den Gefallenen mit einem Stock, ohne dass sich aber etwas regte. Da lag eine Leiche. Da konnte er nicht mehr helfen. So machte er kehrt und lief, so schnell er konnte, zu seinem Hof und schlug Alarm. Die Hofleute liefen zusammen, die Nachricht verbreitete sich in Windeseile auch zu den anderen Höfen, schnell wurde ein Trupp gebildet, der sich unter der Führung des Knechts auf den Weg machte.

Als der Trupp an der Fundstelle ankam, hielten sie erst einmal in einem sicheren Abstand an. Der Älteste unter ihnen, Willem, der aus dem Kloster herbeigerufen worden war, trat einen Schritt vor und berührte das Bündel mit einem Stock. Es bewegte sich ein wenig, aber änderte seine Lage nicht. Er rief die anderen herbei und mit vereinten Kräften zogen sie es an den Beinen aus dem Graben heraus. Sie mussten kräftig ziehen, bis ein schmatzendes Geräusch zu hören war und das Bündel freikam. Als sie es ganz aus dem Wasser gezogen hatten, sahen sie an der Kleidung, dass es eine männliche Leiche war, deren Gesicht aber so sehr mit Schlamm bedeckt war, dass sie nicht erkennen konnten, wer es war. Die Männer standen stumm und hilflos um den Fund herum, keiner bewegte sich, bis Willem sich aufrichtete und rief:

»Jetzt gibt's nur eins, wir müssen den Pater holen.«

Die anderen schauten ihn verständnislos an. So musste er ergänzen:

»Ihr wisst doch, der Pater aus Gladbach, der bei uns im Kloster wohnt und die anderen Todesfälle untersucht. Der wird schon wissen, was wir tun müssen. Einer läuft zum Kloster und holt ihn. Aber schnell!«

Der Jüngste lief sofort los, während die anderen bei der Leiche Wache hielten.

»Sollen wir nicht sein Gesicht abwaschen, damit wir sehen, ob wir ihn kennen?«, schlug einer vor.

»Bloß nicht. Wir warten. Der Pater wird wissen, was wir tun müssen.«

Da wagte keiner mehr, etwas zu sagen. Nach und nach setzten sie sich ins Gras, Willem als letzter. Das Wasser lief langsam aus dem Toten heraus; seine Kleidung war einfach, soviel konnten sie erkennen, da lag kein feiner Herr, sondern jemand Ihresgleichen. Wer das wohl sein mochte? Ihre Neugier wuchs, am liebsten wären sie aufgesprungen und hätten dem Toten das Gesicht gereinigt. Doch ein Blick Willems genügte, und keiner rührte sich.

Etwa eine halbe Stunde später kam der Junge zurück, diesmal in Begleitung von Pater Antonius. Dessen Mienenspiel verriet, dass ihm langsam die Zahl der Todesfälle überhand zu nehmen schien. Er war ja einiges gewöhnt, doch jetzt wurde es ihm zuviel. Aber es half nichts, man hatte ihn gerufen, und er musste sich um den Fund kümmern. Er sah sich den Toten genau von Kopf bis Fuß an, ein Mann in einfacher Kleidung, der augenscheinlich kopfüber ins Wasser gefallen war. Dafür hätte er nicht zu kommen brauchen. Nach einem tiefen Seufzer bat er einen der Umstehenden, dem Toten das Gesicht zu reinigen. Der schöpfte mit beiden Händen Wasser aus dem Graben und schüttete es dem Toten über das Gesicht. Alle beobachteten gespannt, welches Gesicht sich unter der Schlammschicht zeigen würde. Zuerst wurden Stirn und Augen freigelegt, dann Nase und Mund, dann gab es keinen Zweifel mehr: Es war Johann, der Knecht vom Dammer Hof. Alle blickten sich erschrocken an, auch Antonius konnte seine Überraschung nicht verbergen. Mit ihm war er doch noch vor wenigen Tagen durch den Wald gegangen. Und jetzt lag er tot da. Sein Überdruss war augenblicklich von ihm gewichen, die Sache kam ihm merkwürdig vor. Noch am Fundort untersuchte er die Leiche oberflächlich, nachdem der ganze Kopf wieder frei von Schlamm war. Am Hinterkopf waren die Haare miteinander verklebt, womit, konnte er nicht feststellen. Die Leiche musste zur genaueren Untersuchung ins

Kloster gebracht werden. Er würde nicht eher ruhen, bis er die Todesursache ermittelt hatte. Also bat er die Knechte, aus Zweigen und Ästen eine Bahre zu machen und den Toten mitzunehmen.

Antonius ließ die Knechte vor dem Kloster warten, er wollte zuerst mit der Äbtissin sprechen und nicht einfach ohne deren Erlaubnis mit einer neuen Leiche im Kloster ankommen. Er hatte ein ungutes Gefühl, Odilia schon wieder mit einer Hiobsbotschaft zu überfallen, aber er musste es tun. Er klopfte zaghaft an ihre Tür, von innen erschallte die kräftige Stimme der hohen Frau: »Herein!«

»Verehrte Frau Äbtissin, es tut mir leid, aber ich habe schon wieder eine Leiche.«

Dann erklärte er der staunenden Frau, wie er an diesen Fund gekommen war. Sie hob resigniert die Arme, sie konnte ja schlecht Antonius ihre Unterstützung verweigern. Und ebenso fühlte sie sich ihrem Pächter vom Donker Hof verpflichtet.

»Bringt den Toten in die Leichenkammer und untersucht ihn dort. Wenn du Ergebnisse hast, lass es mich sofort wissen.«

Dieses Mal war Antonius allein bei der Untersuchung; er hatte entsprechende Lichter besorgt, Wasser und Tücher, um den Kopf des Toten noch gründlicher zu reinigen. Vor allem wollte er wissen, welche Substanz zur Verklebung der Haare am Hinterkopf geführt hat. Also wischte er die Stelle oberflächlich vorsichtig ab. Er hatte schon eine Ahnung, was es war: Getrocknetes Blut. Und tatsächlich, als er bis zu den Haarwurzeln vorgedrungen war, entdeckte er eine Verletzung der Kopfhaut. Der Tote war von einem Gegenstand am Hinterkopf getroffen worden. Der Schädel schien nicht verletzt zu sein, deshalb konnte der Schlag auch kaum tödlich gewesen sein. Vielleicht hatte er den Knecht nur betäubt. Es blieb also die Frage, woran ist er gestorben? War er einfach nur ertrunken, dann müsste sich Wasser in seiner Lunge gesammelt haben. Wie sollte er das feststellen? Er drückte auf den Brustkorb, um zu sehen, ob nicht ein Schwall Wasser aus seinem Mund käme. Da kam aber kein Wasser. Er versuchte, dem Toten mit Hilfe zweier Holzstücke den Mund zu öffnen und merkte, dass er vollkommen mit Schlamm gefüllt war.

Jetzt musste sich Antonius erst einmal hinsetzen und Ordnung in seine Beobachtungen bringen. Auf einem Schemel sitzend ging er alles noch einmal durch. Erstens: Schlag auf den Hinterkopf, der bewusstlos machte. Zweitens. Mund mit Schlamm gefüllt – das Opfer wurde von einem kräftigen Mann so in den schlammigen Boden des Grabens gerammt, dass er durch das kalte Wasser wieder kurz zu Bewusstsein kam und dann erstickte.

Um seine Schlussfolgerungen zu bewahrheiten, ging er daran, den Körper des Toten nach Verletzungen oder anderen Auffälligkeiten zu untersuchen. Durch die Kleidung hindurch, die immer noch feucht am Körper klebte, ertastete er nichts Auffälliges. Aber gründlich, wie er war, entkleidete er die Leiche soweit wie nötig, indem er mit seinem Messerchen, das er im Futteral bei sich trug, in der Mitte von oben nach unten durch die Kleidung fuhr und die Teile zur Seite klappte. An Armen und Beinen und auch am Rumpf sah er keine frischen Verletzungen oder Prellungen. Natürlich war der Körper des Knechtes von jahrelanger harter Arbeit gezeichnet, aber nichts deutete auf Gewaltanwendung hin. Als er fertig war und den Toten mit einem Tuch bedeckt und sich gründlich gereinigt hatte, ging er zur Äbtissin. Er schilderte kurz seine Beobachtungen und Schlussfolgerungen. Prompt stellte Odilia die schon von ihm erwartete Frage.

»Hat die Tat etwas mit den bisherigen Verbrechen zu tun?«

Er antwortete ebenso kurz:

»Ich weiß es nicht, aber ich kann es auch nicht ausschließen.«

Er konnte und wollte der Äbtissin nichts von seinem Ausflug mit dem jetzt toten Knecht erzählen, aber für sich selbst musste er den neuen Leichenfund in seine Suche nach dem Mörder einbeziehen.

»Ich will weiterhin mein Möglichstes tun, des Täters habhaft zu werden. Bitte habt noch etwas Geduld.«

Geduld gehörte nicht zu den höchsten Tugenden Odilia von Millendonks, aber ihr blieb nichts übrig als ihm zuzustimmen.

Antonius zog sich in die Klosterkirche zurück. Er musste nachdenken. Hatte der gewaltsame Tod des Knechtes tatsächlich etwas mit den anderen Verbrechen zu tun? Aber worin bestand die Verbindung? Jan war wahrscheinlich umgebracht worden, weil er etwas im Zusammenhang mit dem Verbrechen an Katharina beobachtet hatte und sein Wissen zu Geld machen wollte. Ob das auch bei Johann so war? So kamen zu den Verbrechen an den Schwestern, die beide Opfer eines Mannes geworden sind, der Frauen Gewalt antat, noch weitere hinzu. Irgendwo in der Nähe lief ein Wolf im Schafspelz herum, den er unbedingt finden musste. Er hoffte nur, dass es so rechtzeitig wäre, dass Theresa noch lebend gefunden würde.

Alles Denken half Antonius nicht weiter. Er musste etwas tun. Er konnte kaum noch still sitzen. Da erklang die Glocke zur Sext und rief auch ihn zuerst zum Gebet. Der geregelte Tageslauf beruhte auf einer tiefen Weisheit, empfand er. Immer wieder wurde das aktive Leben unterbrochen durch das kontemplative, das vor überstürzten Handlungen bewahrte. Am anschließenden Mittagsmahl nahm er auch noch gerne teil, weil er bis dahin noch nichts zu essen bekommen hatte. Der junge Knecht hatte ihn noch während der Prim gerufen. Nach der Mahlzeit würde Antonius etwas erledigen müssen. Er würde zum Donker Hof gehen und sein Mitgefühl beim Bauern ausdrücken.

Wie sehr hatte sich die Atmosphäre auf dem Hof gegenüber seinem ersten Besuch verändert. Er hatte noch das Fischgrätenmuster des frisch gekehrten Hofes vor Augen, jetzt waren so viele Füße darübergelaufen, das von einem Muster nichts mehr zu erkennen war. Immer noch liefen Knechte, Mägde und Kinder über den Hof, vom Bauern und seiner Frau war nichts zu sehen. Eine Magd blickte zu ihm auf, und er konnte er ihre rotgeweinten Augen sehen. Sie schien wohl besonders um den toten Knecht zu trauern. Er ging auf sie zu und schaute sie mitfühlend an. Sie blieb stehen und sprach ihn an:

»Ich kann es nicht begreifen. Johann war ein guter Mensch. Ich weiß, dass das nicht alle von ihm dachten, vor allem die Knechte, die er beaufsichtigen musste, mochten ihn nicht immer. Aber ich kann nicht glauben, dass einer von denen ihn umgebracht hat. So was tut doch kein normaler Mensch. Aber, entschuldigt, Herr Pater, ihr wollt sicher den Herrn sprechen. Ich werde ihn holen.«

Die Magd mochte so um die dreißig Jahre alt sein. Sie war von angenehmer Gestalt, was auch Antonius nicht verborgen blieb. Ihr Verhalten war durchaus verständlich, weil einer der ihren ermordet worden war. Und dennoch kam ihm der Gedanke, dass da wohl mehr war als bloße Trauer um einen der Mitknechte. Ob die beiden ein Liebesverhältnis hatten? Dann wäre das Verbrechen vielleicht eine Eifersuchtstat und hätte mit den anderen Ereignissen gar nichts zu tun. Er rief sich innerlich zur Ordnung. Er durfte seine Phantasie nicht zu sehr spielen lassen. Lieber erst mal abwarten und sich weiter umhören.

Da kam auch schon der Herr des Hofes. Ihm stand der Stimmungswandel ins Gesicht geschrieben. Die Lachfalten hatten sich in sorgenvolle Furchen verwandelt, sein ganzes Gesicht drückte Trauer und Entsetzen aus.

»Jetzt kommt das Verbrechen auch zu uns. Ich kann es einfach nicht glauben! Johann war ein so zuverlässiger Mann. Ich konnte ihm die ganze Arbeit auf dem Hof anvertrauen, er machte alles zu meiner vollsten Zufriedenheit. Über seine Mitknechte herrschte er mit fester Hand. Ich brauchte mich nicht darum zu kümmern, dass sie ordentlich arbeiten. Ich weiß nicht, wie es weitergehen soll.«

»Wisst ihr, ob Johann Feinde hatte? Gab es irgendjemanden, der eine solche Wut auf ihn hatte, dass er ihn umbringen wollte?«

»Sicher ist ihm einer der Knechte mal vor Wut an die Kehle gegangen, aber ihr wisst ja, wie das ist unter solchen Menschen: Der Ton ist rau, aber solche Drohungen sind doch nicht ernst gemeint, vor allem, wenn man vielleicht ein Glas zuviel getrunken hat. Nein, unter meinen Knechten ist kein Mörder.«

»Erlaubt ihr, dass ich mich unter den Leuten hier ein wenig umhöre? Auch wäre ich froh, wenn ich mit eurer Frau sprechen könnte.«

Da wurde das Gesicht des Bauern fast unmerklich härter, aber der Augenblick war schnell vorbei. Er fasste sich und war sofort wieder der entgegenkommende Gesprächspartner:

»Selbstverständlich! Ich muss nur schnell nachsehen, ob sie mit euch sprechen kann, ihr geht es nicht gut, sie kränkelt schon eine ganze Weile.«

Er rief die Magd, die besondere Trauer um Johann zeigte, zu sich und sagte ihr, dass der Pater sich mit ihr unterhalten möchte. Dann ging er ins Haus, offensichtlich, um seine Frau zu holen.

»Wie ist dein Name?«, fragte Antonius.

»Hannah.«

»Hannah, kannst du mir etwas erzählen, das mir hilft, Johanns Mörder zu finden?«

In Hannah spielte sich ein Kampf ab, sie schien sich nicht entscheiden zu können, ob sie etwas sagen sollte oder nicht. Sie tat Antonius leid, er mochte es, wenn Menschen ihre Gefühle nach außen sichtbar werden ließen. Er sah ihr ins Gesicht, blickte sie eine Zeit lang voller Mitgefühl an und wartete. Dann sagte er:

»Ich habe gemerkt, dass Johann dir nicht gleichgültig war. Du hast um ihn aus tiefem Herzen geweint. Da ist mehr als nur Trauer und Betroffenheit beim Tode eines Gesindemitglieds. Du kannst es mir sagen, ich werde mit niemandem darüber sprechen. Es mag sein, dass es dir und mir hilft, einen Mörder zu finden.«

Hannah seufzte tief auf und begann stockend:

»Ja, ich habe ihn geliebt und er mich. Wir waren ein Paar. Er hatte eine eigene Kammer und ich bin immer wieder zu ihm gegangen. Ich weiß, dass das gegen das sechste Gebot ist, aber ich konnte nicht anders. Wir hätten so gern geheiratet, aber unser Herr wollte seine Erlaubnis nicht geben. Er hätte es tun können, aber er wollte nicht.«

»Hat er seine Gründe genannt?«

»Nein, niemals.«

»Und du hast auch keine Ahnung, keine Vermutung? Frauen haben doch oft ein Gespür für etwas, das nicht ausgesprochen wird.«

»Das kann ich nicht sagen. Ich weiß es nicht.«

Antonius ließ es auf sich beruhen. Er glaubte, dass sie mehr wusste als sie sagen wollte. Es hatte keinen Zweck, weiter auf sie einzureden. Sie schien sich vor etwas oder jemandem zu fürchten.

Da kam auch schon der Bauer zurück.

»Meine Frau lässt sich entschuldigen, sie kann nicht nach draußen kommen, sie hat sich hingelegt, weil sie sich nicht wohlfühlt. Aber wenn ihr wollt, könnt ihr mit mir zu ihr gehen und mit ihr sprechen. Ich darf vorgehen?«

Antonius wunderte sich. Der Bauer war entgegenkommend, aber er ließ ihn nicht mit der Frau alleine sprechen. Vielleicht war er auch nur fürsorglich. Er betrat mit Beklommenheit die Schlafkammer der Bauersleute, da kam wieder seine mönchische Existenz durch. Die Frau lag auf einer Seite des großen Bettes, das mit Vorhängen umgeben war. Ein Seitenvorhang war geöffnet und durch das kleine Fenster kam etwas Licht herein und schien auf das Gesicht der Frau, die offensichtlich leidend war.

»Maria, das ist Pater Antonius aus Gladbach, der im Augenblick in unserem Kloster wohnt. Er hat den toten Johann gefunden und möchte nun Näheres wissen über die Umstände seines Todes. Kannst du ihm etwas sagen?«

»Grüß Gott, Herr Pater«, brachte sie mit Mühe hervor, ihre Stimme war brüchig als ob sie seit Tagen nicht mehr gesprochen hätte. »Wie schrecklich das alles ist. Johann war ein guter Knecht. Es tut mir so leid, was mit ihm geschehen ist. Aber ich weiß nicht wie ich euch helfen soll.« Dabei blickte sie ängstlich zu ihrem Mann, als ob sie nichts falsch machen wollte.

»Ihr seht selbst, Pater Antonius, sie weiß nichts.«

Antonius sah, dass er nichts ausrichten konnte, wünschte der Frau gute Besserung und gab ihr den Segen. Beim Hinausgehen sagte er noch zum Bauern:

»Das ist sicher nicht einfach für euch, einen so großen Hof zu führen mit einer kranken Frau. Übrigens, wie viele Kinder habt ihr?«

»Drei, zwei Jungen und ein Mädchen, aber die sind bei meinen Eltern, weil es meiner Frau nicht so gut geht. Meine Eltern in Kempen freuen sich immer, wenn unsere Kinder da sind, dann fühlen sie sich nicht so allein. Kann ich sonst noch etwas für euch tun, Pater Antonius?«

»Im Augenblick nicht, vielen Dank. Aber vielleicht komme ich noch mal zurück.«

Auf dem Rückweg zum Kloster gingen ihm die Gedanken im Kopf herum. Hing das jüngste Verbrechen – wie er spontan angenommen hatte – wirklich mit den anderen zusammen? Oder war es eine Eifersuchtstat? Wenn ja, wer könnte der Rivale Johanns sein? Ein Mitknecht oder vielleicht sogar der Herr des Hofes, der die Magd ganz für sich haben wollte? Da müsste er sich wohl oder übel den Klatsch und Tratsch im Dorf und im Kloster anhören. Er nahm sich vor, mit der am wenigsten zum Klatsch neigenden Nonne zu beginnen. Wenn sie etwas wusste, dann würde sie ihm sagen, was der Wahrheit diente. So kam er unversehens im Kloster an und machte sich auf dic Suche nach Schwester Hildegundis. Es traf sich gut, dass die Non gerade beendet war – er hätte sie gerne mitgebetet – und die Schwestern die Kirche verließen. Er ging auf Hildgundis zu, als sie die Kirche verließ, und bat sie um ein Gespräch. Sie war etwas überrascht von der Bitte, denn sie hatte von der letzten Gewalttat noch nichts gehört. Nachdem er sie kurz ins Bild gesetzt hatte, fragte er ohne Umschweife:

»Hast du vielleicht irgendwann einmal etwas über eine Beziehung zwischen der Magd Hannah und dem Getöteten gehört? Ich weiß, wie sehr du dem Klatsch abgeneigt bist, aber ich weiß auch, wenn du etwas Wichtiges weißt, wirst du es mir sagen, um mir bei meinen Nachforschungen zu helfen. Hannah selbst hat mir ihre Beziehung zu Johann gestanden, aber ich weiß nicht, ob noch ein anderer Interesse an ihr hatte. Deshalb bin ich auch auf die kleinste Information angewiesen.«

»Mach dir keine Sorge, Pater Antonius. Ich kenne dich gut genug und weiß deshalb, dass es dir um die Sache geht und nicht um Nachbarschaftsklatsch. Die Beziehung von Hannah und Johann war mir bekannt. Es wird wohl kaum jemanden in der Umgebung geben, der davon nichts wusste. Die Liebe der beiden war ein offenes Geheimnis. Moralisch verurteilt hat sie kaum jemand, denn alle wussten, dass es an der Halsstarrigkeit ihres Herrn lag, dass sie nicht heiraten konnten. Glücklicherweise ist aus der Beziehung kein Kind hervorgegangen, oder vielleicht leider, denn dann hätte Walter wohl oder übel einer Heirat zustimmen müssen. Von weiteren Interessenten weiß ich nichts, aber sie ist eine attraktive Person, die Männer anzieht, das ist wahr. Ich weiß, was ich machen werde: Ganz gegen meine Gewohnheit werde ich mich umhören, bei meinen Mitschwestern und bei den Mägden und Knechten des Klosters und auch bei den übrigen Einwohnern hier. Sobald ich etwas erfahre, sage ich es dir. Viel Glück bei deinen Nachforschungen.«

***

Als er vor kurzem zu ihr kam, war ihr aufgefallen, dass in ihm eine Veränderung stattgefunden hatte. Er musste geschwitzt haben. Er kam ihr ja immer ziemlich nahe, und bisher war ihr nichts derartiges aufgefallen. Aber jetzt spürte sie einen Schweißgeruch, und es schien ihr, dass die Ursache dafür schon einige Tage her sein musste. Auch sein Verhalten hatte sich leicht, aber spürbar verändert. Sonst war er zwar grausam und rücksichtslos gewesen, aber nicht von einer Brutalität, wie man sie eigentlich von einem Verbrecher – und als solchen sah sie ihn inzwischen an – erwarten würde. Er hatte die grausame Präzision eines Künstlers, bei dem jeder Schritt genau kalkuliert und ausgeführt wurde. Sie fühlte sich in einer Schlinge gefangen, die sich von Mal zu Mal enger zog, ihre Hoffnung, noch einmal lebend aus ihrer Lage herauszukommen, war verschwunden. Wie sollte sie die Veränderung einschätzen? War ihr Entführer an einem Wendepunkt angekommen? Sie wusste nur nicht, ob zum Guten oder Bösen.

Theresa hatte in den letzten Tagen versucht, sich der Tages- oder Nachtzeit bewusst zu werden. Sie hatte sorgfältig beobachtet, ob es Tag oder Nacht war, was sie durch die Lichtöffnung im oberen Teil ihres Gefängnisses sehen konnte. Es wurde zwar nie ganz hell, was sie auf die Lage im Wald zurückführte, aber Tag und Nacht konnte sie so unterscheiden. Die Vögel sangen morgens besonders laut und kräftig, als ob sie einen Ausgleich für ihr nächtliches Schweigen brauchten und ihre Stimmen wieder richtig einüben mussten. So konnte sie den Morgen trotz allen Gleichmaßes ihrer Gefangenschaft gut erkennen und damit die Tage zählen, die sie schon in Gefangenschaft verbrachte. ›Lieber Gott, was hast du mir für eine schwere Prüfung geschickt? Ist das die Strafe für all meine Eitelkeit und Hoffärtigkeit? Ach wäre ich doch nie ins Kloster gegangen! Ein Ehemann und Kinder hätten mir sicher gut getan. Sollte ich jemals lebend aus diesem Gefängnis herauskommen, will ich mein Leben ändern.‹

Dann kamen wieder Anfälle völliger Verzweiflung; sie hätte schreien können, wenn ihre Fessel es nur zugelassen hätte. ›Aus tiefer Not schrei ich zu dir, o Herr, erhör mein Flehen!‹

***

»Es ist Besuch für euch da, Pater Antonius.« Die junge Schwester hatte an seine Tür geklopft und war auch gleich in seine Zelle getreten. Antonius hatte sich kurz auf seinen Strohsack gelegt, um in dieser Lage besser nachdenken zu können und war – eingeschlafen. Er setzte sich auf und schaute schuldbewusst, aber nur ein wenig.

»Wer ist es?«

»Ein junger Mann, ich kenne ihn nicht. Er ist mit einer Kutsche vorgefahren.«

»Ich komme sofort.«

Er überlegte noch, wer wohl zu ihm wollte, da sah er schon den Blondschopf seines langjährigen Freundes Thomas Ulner. Seit dem Tod seiner Frau Gretgen war alle Heiterkeit und Gelassenheit aus seinen Zügen verschwunden. Ein ernster, vom Schicksal hart geprüfter Mann sah ihn an.

»Du wirst dich sicher wundern, mich hier zu sehen«, kam er der Frage seines Freundes zuvor, »aber ich habe es zu Hause nicht mehr ausgehalten. Wenn ich die Kinder, vor allem mein jüngstes sehe, schneidet es mir durchs Herz. Ich kann keinen klaren Gedanken fassen, ich vernachlässige meine Geschäfte. Ich merke, wie mein Vater mich beobachtet, ich erwarte schon Vorwürfe von ihm, aber er hat sich wortlos um das laufende Geschäft gekümmert. Das rechne ich ihm hoch an, aber bei meinem Schmerz und meiner Verzweiflung kann er mir nicht helfen. Deshalb komme ich zu dir. Ich muss mit dir reden. Ich erwarte keine Ratschläge, ich brauche nur jemanden, der mir zuhört.«

Es war später Nachmittag, die Sonne warf schon längere Schatten, dennoch entschloss sich Antonius zu einem gemeinsamen Spaziergang im Klosterwald, um ungestört zu sein.

17. Kapitel

Antonius hatte Angst vor den Fragen, die ihm Thomas stellen könnte. Er kannte seine eigene Hilflosigkeit, wenn es darum ging, zu sagen, warum offenbar unschuldige Menschen schweres Leid erfahren mussten. Gerade in diesem Fall war es nicht nur das eine Opfer, Gretgen Ulner, die im Kindbett verstorben war, sondern auch ihre Familie, besonders ihr Mann und die unmündigen Kinder, die den wichtigsten Menschen verloren hatten, den es für sie gab. Ihm steckte ein Kloß im Hals, vor allem, weil ihm die Verstorbene und ihre Familie ganz besonders am Herzen lagen. Aber Thomas hatte ihn ja in erster Linie als Zuhörer gewünscht, und zuhören konnte und wollte er.

Das Grün der Pflanzen und Bäume, die wie ein Dach über den Weg ragten, war noch frisch, da die Sonne den Wald nicht so durchdringen und austrocknen konnte.

Antonius lenkte ihre Schritte unwillkürlich auf den Weg, den er vor einigen Tagen mit dem Knecht Johann gegangen war. Hätte man ihn nach dem Grund gefragt, er wäre die Antwort schuldig geblieben. Er ging einfach still neben Thomas her und wartete darauf, was er sagen würde. Sie waren noch nicht weit in den Wald eingedrungen, das Licht der freien Fläche um das Kloster schien noch in ihrem Rücken, da fing Thomas auch schon zu sprechen an:

»Antonius, du bist der einzige, mit dem ich reden kann. Du bist zwar auch traurig wie die anderen in meiner Familie, aber du kannst zuhören und hast vielleicht auch Lebenserfahrung genug, um mich zu verstehen. Ich weiß nicht mehr weiter. Mir ist, als ob ich selbst tot und begraben sei. Ich weiß, dass ich für meine Kinder sorgen muss, aber ich kann es nicht. Man hat mir das Herz aus dem Leib gerissen. Ich gehe jeden Tag in die Pfarrkirche zu Gretgens Grab und stehe stumm davor. Weinen kann ich nicht. Mit Gretgen zu sprechen kommt mir nicht in den Sinn. Vielleicht sollte ich das versuchen, aber ich kann nicht. Ich bin nicht nur traurig, ich bin auch wütend. Wütend auf Gott. Meinst du, dass das Gotteslästerung ist?«

Antonius ließ all seine Gelehrsamkeit beiseite und antwortete nur mit einem »Nein«.

»Ich erinnere mich, dass wir in der Schule Hiob und die Psalmen gelesen haben. Die gehen ja auch hart mit Gott ins Gericht. Wenn das in der Bibel steht, kann das ja keine Sünde sein.«

Inzwischen waren sie tiefer in den Wald hineingekommen. Sie waren froh, dass sie die Lichtung mit dem einsamen Haus erreicht hatten, denn es wurde langsam dämmrig.

»Ich brauche auch unbedingt jemanden für die Kinder, die Köchin und Gretgens Mutter sind auf die Dauer überfordert.«

Antonius hörte zwar aufmerksam zu, doch nebenher dachte er auch an die vergangenen Ereignisse von Novum Opus. Und dabei fiel ihm auch die Magd Hannah ein, die sicher froh wäre, dem Donker Hof zu entkommen.

»Für deine Kinder wüsste ich vielleicht jemanden, aber ich muss die Betreffende erst fragen.«

Die ganze Zeit hatte er das ungute Gefühl, beobachtet zu werden. Sehen oder hören konnte er nichts, aber er spürte eine Bedrohung. Er ließ sich gegenüber Thomas nichts anmerken, doch er schlug vor umzukehren, damit sie nicht in völliger Dunkelheit durch den Wald gehen mussten.

Im Klosterhof stand noch Thomas' Wagen, sein Pferd war inzwischen versorgt worden. Antonius drückte Thomas zum Abschied fest an sich.

»Danke, dass du mir zugehört hast«, sagte dieser, »das hat gut getan. Helfen kann mir im Augenblick sowieso keiner. Ich hoffe, dich bald in Gladbach wiederzusehen. Und denk mal an die Frau, die du erwähnt hast.«

Antonius blickte noch lange hinter dem Wagen her, der in einer Staubwolke verschwand. In diesem Augenblick ging Heinrich, der Prior, über den Vorhof und winkte Antonius zu, der ein Stück auf ihn zuging.

»Was bedrückt dich? Mir scheint, du nimmst die Übeltaten hier sehr persönlich.«

»Das auch, aber ich hatte noch ein sehr ernstes Gespräch mit einem Freund aus Gladbach. Das muss ich erst mal sinken lassen.«

»Du hast sicher bemerkt, dass unser junger Mitbruder aus Brauweiler zurück ist. Der Abt hat ihm zugesichert, dass er nicht mehr lange hier bleiben muss. Darüber scheint er sehr froh zu sein. Ich kann jetzt endlich mit ihm von Mensch zu Mensch reden. Ich merke, dass er zutiefst unglücklich ist. Das hat nicht nur mit seiner Stellung hier zu tun, er leidet an seiner Berufung. Deshalb darf man ihm seine schroffe Art auch nicht übel nehmen.«

»Ich habe ihn eigentlich mehr bedauert. Mit seiner Einstellung wird er immer nur anecken. Aber vielleicht tut ihm ein Wechsel gut.«

»Gibt es etwas Neues bei deinen Untersuchungen? Ich hörte, dass sich noch ein Verbrechen ereignet hat. Der Knecht vom Donker Hof wurde tot gefunden?«

»Leider ja. Und ich weiß nicht, ob dieses Verbrechen etwas mit den übrigen zu tun hat.«

»Weißt du schon, dass der ermordete Knecht eine Beziehung zu einer Magd des Hofes hatte? Das war ein offenes Geheimnis. Die beiden konnten nicht heiraten, weil der Herr des Hofes seine Erlaubnis nicht gab.«

»Das hat man mir schon erzählt. Deshalb könnte man an einen Rivalen denken. Jemand anderes war hinter der Magd her und wollte ihn aus dem Weg räumen. Dann hätte das Verbrechen nichts mit den anderen zu tun.«

»Du kannst dir denken, dass ich meine Kenntnisse nicht aus der Beichte habe, denn ich bin nicht der Beichtvater der Bewohner hier. Alles, was ich weiß, weiß ich vom Hörensagen. Ob auch jemand anderes hinter der Magd her war, kann ich nicht sagen. Aber vielleicht versuchst du einmal, darüber etwas herauszubekommen. Unsere Haushälterin ist vielleicht eine gute Quelle. Wenn ich sie ›ermuntere‹, wird sie dir sicher Auskunft geben.«

»Das ist eine gute Idee. Wenn ihr nichts dagegen hast, werde ich sie heute Abend noch befragen.«

»Lass es aber nicht zu spät werden, sie geht meistens früh zu Bett.«

Sonst konnte Antonius an diesem Abend nichts mehr tun, deshalb ging er nach einer Viertelstunde zum Haus des Priors. Die Hausdame empfing ihn noch um einige Grad freundlicher als bei seinem ersten Besuch. Sie war also schon vom Prior eingeweiht worden. Sie lud den

Gast in das »gute Zimmer« ein und bot ihm einen Becher Wein an, den Antonius dankend annahm.

»Der ehrwürdige Prior hat dir schon gesagt, warum ich hier bin. Was weißt du über die Verhältnisse auf dem Dammer Hof?«

»Ich sage einfach, was mir so einfällt, ihr könnt euch dann das wichtige daraus aussuchen. Soweit ich weiß, geht es dem Bauern gut. Er selbst braucht sich gar nicht so sehr um die Wirtschaft zu kümmern, das macht – oder machte – sein Knecht Johann. Der sorgte für alles, dafür, dass die Mägde und Knechte fleißig waren, die Ernte ordentlich eingebracht und rechtzeitig ausgesät wurde. Der Bauer fühlte sich richtiggehend als Herr, der sich selbst die Finger nicht schmutzig zu machen brauchte. Die Äbtissin scheint ihn auch sehr zu schätzen, sie hofierte ihn immer wieder, weil sie wusste, dass er für die anderen Pächter ein Vorbild war.«

›Alle Achtung!‹, dachte Antonius, ›eine kluge Frau.‹

»Was weißt du denn sonst noch, vor allem über die Familienverhältnisse auf dem Hof? Die Bäuerin scheint ja sehr krank zu sein, die Kinder sind vorübergehend bei den Großeltern. Bei meinem letzten Besuch wirkte der Bauer sehr bedrückt, was ich ja auch verstehen kann, da er gerade seinen besten Knecht verloren hatte.«

»Also, die Frau ist schon seit längerem krank und kann sich auch nicht um die Kinder kümmern.«

Da wand sich seine Gesprächspartnerin vor Verlegenheit.

»Du brauchst keine Hemmungen zu haben. Ich bin mit fast allem Menschlichen vertraut, mich kann so leicht nichts erschüttern. Sag, was du sagen willst.«

»Nun gut. Man hört so dies und das. Der Bauer soll irgendwo ein Verhältnis haben.«

»Auf dem Hof oder außerhalb?« Antonius war trotz des anstrengenden Tages plötzlich hellwach.

»Ich weiß es nicht.«

»War es Hannah?«

»Auch das weiß ich nicht. Aber ich kann sagen, dass Hannah kein flatterhaftes Wesen ist. Sie war ihrem Johann treu, da bin ich sicher. Sie hätte Versuche ihres Herrn abgelehnt.«

Antonius trank noch in Ruhe seinen Wein aus, dann verabschiedete er sich. Wenn er sich von dem Gespräch neue Erkenntnisse erhofft hatte, dann war er enttäuscht. Es blieb ihm nichts übrig, er musste noch mal an den Ort gehen, an dem er so ein seltsames Gefühl gehabt hatte, als er mit Thomas unterwegs war. Das nahm er sich für den nächsten Morgen vor, in aller Frühe wollte er gehen, ohne jemandem Bescheid zu geben. So sehr fürchtete er die Kritik, dass er sich wegen eines vagen Gefühls auf den Weg machte.

An den Laudes nahm Antonius noch teil, dann verließ er den Klosterbezirk und ging in den Wald. Mit dem Weg war er inzwischen so vertraut, dass er schnellen Schrittes in Richtung der Lichtung ging. Wie sehr genoss er diesen frühen Gang! Der moosbedeckte Boden war noch vom Tau bedeckt, die Feuchtigkeit drang durch die Sandalen hindurch und benetzte seine Füße, die Luft war kühl und rein, und dann: Das Vogelgezwitscher, ein Morgengesang aus vielen Stimmen und Melodien, lebendiger als das Morgengebet in der Klosterkirche, das alles erfüllte ihn mit solcher Freude und Zufriedenheit, dass er diesen Zustand gern auf Dauer genießen wollte.

So war er noch nicht an der Lichtung angekommen, als er wieder, wie gestern, das Gefühl hatte, beobachtet zu werden. Er blieb stehen und wagte kaum zu atmen. Hinter ihm schienen Zweige bewegt zu werden, Äste knackten, da spürte er einen heftigen Schlag auf den Kopf, und alles wurde dunkel.

Langsam kam er wieder zu sich mit einem heftigen Kopfschmerz, langsam tastete er sich wieder ins Bewusstsein zurück, dann merkte er, dass er an Armen und Beinen gefesselt war. Die Fesseln waren so eng angelegt, dass er sich fast gar nicht rühren konnte. Gern hätte er sich an den Hinterkopf gefasst, der ihm unendlich weh tat. Was war nur mit ihm geschehen? Wo befand er sich? Wer hatte ihn da in seine Gewalt gebracht? In seinem Schmerz seufzte er mehrmals auf, auch um tief Luft zu holen. Da merkte er, wie stickig die Luft in seinem dunklen Gefängnis war. Er versuchte, möglichst flach zu atmen, um damit seiner Übelkeit Herr zu werden, denn ihm war, als müsse er sich übergeben.

Als seine Augen sich an die Dunkelheit gewöhnt hatten, studierte er sein Gefängnis genauer. Drei Wände waren aus Ziegeln gemauert, an einigen Stellen hing noch Kalkputz in unregelmäßigen Flecken an den Wänden. Eine Wand bestand aus roh behauenen Brettern, zwischen denen hier und da Lücken waren. Unter der Decke, die von Rundhölzern getragen wurde, war eine kleine Luke, die Tageslicht einließ. Das war also sein Gefängnis. Jemand, der etwas gegen seine Nachforschungen zu haben schien, hatte ihn hier festgesetzt. Warum hatte er ihn nicht sofort umgebracht? Wollte er sich das für später aufheben? Oder würde er noch gebraucht werden? Er war sich sicher, dass der Täter auch die anderen Verbrechen begangen hatte, alles lief auf den schmerzlichen Höhepunkt zu, an dessen Ende er selbst stehen würde. Er hatte Angst, und er war vollkommen hilflos. Ein solches Gefühl hatte er bisher noch nicht gehabt. Katharina hatte das Ende, ihren Tod auf sich zukommen sehen, Theresa musste auch die Bedrohung durch ein nahendes Ende spüren, wenn sie überhaupt noch lebte. Deutlicher als bisher fühlte er mit den Opfern. Jetzt verstand er besser, was mitleiden bedeutete. Es half nichts, er musste sich in Geduld fassen. Dabei kam ihm zustatten, dass er die meisten Psalmen auswendig konnte. Er sprach sie nacheinander halblaut vor sich hin. Als er beim 23. Psalm angekommen war, in dem der Beter von Gott als dem Hirten spricht, der seine Schafe behütet, empfand er wenig Trost. Die Vorstellung von einer grünen Au fiel ihm schwer, aber von Vers zu Vers fühlte er sich etwas mehr getröstet.

18. Kapitel

Antonius wusste nicht, wie viel Zeit vergangen war. Er hatte Hunger und Durst. Der Hunger war ja noch zu ertragen, aber der Durst wurde immer unerträglicher. Er drehte sich, so gut es ging, nach rechts und links, und siehe da, links von seinem Kopf stand ein Gefäß, dessen Inhalt ihn sehr interessierte. Er versuchte, den Kopf so nahe wie möglich an das Gefäß heranzubringen. Seine große Nase war ihm dabei von Nutzen; es gelang ihm, sie an den oberen Rand so nahe an das Gefäß zu halten, dass er etwas riechen konnte. Eines verriet ihm seine feine Nase: Wein war nicht in dem Gefäß, das wie ein großer Tontopf aussah. Was er roch, war anscheinend brackiges Wasser, das schon längere Zeit gestanden haben musste. Doch die Qualität der Flüssigkeit war ihm jetzt gleichgültig, er musste um jeden Preis seinen großen Durst stillen. Er rückte unter Schmerzen noch etwas nach links, bis er seine Nase wirklich als Haken benutzen konnte. Er versuchte, sie seitwärts zu bewegen, dabei spürte er, wie wenig seine Nasenspitze dazu geeignet war. Er müsste sein Nasenbein an den Gefäßrand bringen. Also strengte er sich noch einmal gewaltig an, er riss an seinen Fesseln, die ihm in die Haut einschnitten. Da passierte es. Das Gefäß geriet ins Wanken, weil es anscheinend auf einem Hocker stand. Es fiel um und landete mit einem dumpfen Knall auf dem Boden. Aus war der Traum vom Durstlöschen. Nur einige Spritzer hatte er ins Gesicht bekommen, soweit er sie mit der Zunge erreichen konnte, leckte er sie ab. So konnte er wenigstens seine Zunge befeuchten, aber das war nur der sprichwörtliche Tropfen auf dem heißen Stein.

***

Das dumpfe Geräusch hatte sie gehört. Sie nahm natürlich an, dass das ihr Entführer war, dem vielleicht ein Missgeschick passiert war. Irgendetwas war umgefallen. Dann geschah eine ganze Zeit nichts. Er kam nicht, um sie zu versorgen. Jetzt konnte sie auch so etwas wie Stöhnen hören. Sie musste all ihre Kräfte zusammennehmen, um sich bemerkbar zu machen. Sie setzte mehrmals an zu rufen, doch sie brachte zuerst keinen Ton heraus. Sie versuchte es noch mal und noch mal. Einmal musste es gelingen.

***

Plötzlich geschah etwas, das Antonius für einen Augenblick seinen Schmerz und seine Angst vergessen ließ: Er hörte eine Stimme, die kaum menschlich war, sondern eher einem krächzenden Geräusch glich.

»Wer seid ihr?«

Auch ihm gelang es kaum, ein paar Worte hervorzubringen.

»Wer spricht da?«

»Wer seid ihr?«, klang es jetzt etwas deutlicher. Eine unverkennbar weibliche Stimme. Was hatte das zu bedeuten? Nebenan war eine Frau, deren Stimme verriet, dass sie schon lange nicht mehr benutzt worden war.

»Ich bin Pater Antonius aus Gladbach, und ich weiß nicht, wie ich hierher gekommen bin. Und wer seid ihr?«

»Wie froh bin ich, dass ihr da seid. Jetzt wird alles gut.«

»Sag bloß nicht, dass du Schwester Theresa bist! Gott sei Dank, dass du noch lebst. Aber dass ich deine Rettung bin, muss ich sehr bezweifeln, denn ich bin nicht freiwillig hier, sondern als Gefangener, der sich selbst nicht helfen kann, geschweige jemand anderem. Ich habe die ganze Zeit nach dir gesucht, jetzt, da ich dich gefunden habe, bin ich vollkommen hilflos.«

»Ich werde hier schon seit fast drei Wochen gefangen gehalten. Ich bin aus dem Kloster entführt worden. Mein Entführer ist ein Mann, der mir immer mehr Gewalt antut. Am Ende wird er mich töten wie Schwester Katharina.«

»Was heißt ›Gewalt antut‹?«

»Ich bin mit einem Lederriemen am Hals gefesselt, jede Bewegung schnürt mir die Luft ab, auch das Sprechen strengt mich sehr an.«

»Lass dir Zeit, davon haben wir sicher genug, vermute ich. Unser Täter kommt wahrscheinlich erst am Abend zurück. Bis dahin erzähle mir so viel wie möglich.«

Nach kurzer Zeit schien sie wieder genug Atem geschöpft zu haben und fuhr vorsichtig fort. Nach jedem Satz legte sie eine Pause ein:

»Zuerst berührte er mich wie zufällig, dann hat er mich mit einem Messer, mit dem er meine Fessel durchschnitt, oberflächlich am Hals geritzt, dass etwas Blut austrat. Ich glaube nicht, dass das unabsichtlich war. Meine Fessel war so eng, dass ich nicht schreien konnte. Auch bewegen kann ich mich nicht, mein Rücken schmerzt fürchterlich.«

»Was meinst du, was seine Berührungen bedeuten? Hast du das Gefühl, als Frau begehrt zu werden?«

»Ich weiß es nicht. Soweit ich es sehe, schaut er mich bei dem was er tut, so merkwürdig an. Ich habe ja keine Erfahrung, aber ich glaube, ein Mann, der mich begehrt, schaut anders.«

»Ich muss dich fragen: Darfst du dich waschen? Wie machst du das?«

»Er hat mich immer losgebunden, und ich konnte mich an einem Kübel waschen. Dabei hat er zugeschaut. Zuerst habe ich das gar nicht gemerkt. Und um euch zuvorzukommen, ich durfte auch in einem Kübel meine Notdurft verrichten. Danach hat er mich sofort gepackt und wieder festgebunden. Meine Halsfessel genügt, ich kann mich nicht bewegen.«

›Hoffentlich war das nicht der Kübel, der neben mir stand!‹, dachte Antonius. Aber da war schon wieder sein Wille geweckt, anderen zu helfen. Das lenkte ihn von seinem eigenen Los ab, und er war froh darüber.

»Jetzt pass mal auf. Du kannst doch deine Beine bewegen. Versuch das mal. Bleib ganz flach liegen und hebe zuerst dein linkes Bein an so hoch du kannst, dann dein rechtes. Mach das, so oft du kannst, vielleicht wird das mit deinem Rücken langsam besser.«

An den Geräuschen konnte Antonius hören, wie sehr sich Theresa anstrengte. Er selbst war froh, sich etwas ausruhen zu können. Aber es half nichts, er musste so viel wie möglich erfahren, um den Täter einschätzen zu können. Nach einer Viertelstunde fuhr er fort:

»Sag mir, wie war es möglich, dass du aus dem Kloster entführt wurdest? So ganz ohne deine Hilfe konnte das doch nicht geschehen.«

»Sagt es ruhig, ich war ein ausgesprochen dummes Huhn.« Ihre Stimme wurde zunehmend fester. »Doch von Anfang an: Ich hatte beobachtet, dass Katharina einen Verehrer hatte, mit dem sie sich immer traf, und war eifersüchtig auf sie. Das Verbrechen an ihr hat mich nicht davon abgehalten, mir auch einen Verehrer zu wünschen. So habe ich immer Ausschau gehalten. Ob sich jemand für mich interessiert. Ja, ich weiß, das ist nicht mit meinem Stand zu vereinbaren, aber ich bin als junges Mädchen von meinen Eltern ins Kloster gesteckt worden, ob ich das wollte oder nicht. Sollte ich je hier lebend herauskommen, werde ich mich von meinen Gelübden entbinden lassen und versuchen, einen Mann zu finden und eine Familie zu gründen. Aber daran glaube ich jetzt auch nicht mehr.«

»Keine Angst, ich verurteile dich nicht. Ich will nur alles über deine Entführung wissen. Hast du deinen Entführer gesehen?«

»Es war der Verehrer und vermutlich auch der Mörder Katharinas. Er hat mir schnell einen Zettel zugesteckt, ich habe nicht gewagt, mich zu ihm umzudrehen. Ich bin dann am Abend zu dem Törchen in der Klostermauer gegangen, das war nur angelehnt, bin nach draußen gegangen und schon wurde ich von hinten gepackt und mitgenommen. Hier habe ich dann nur seine stechenden Augen gesehen, den Rest seines Gesichtes hat er mit einem Tuch verborgen.«

»Ist dir sonst etwas an ihm aufgefallen? Wie war er gekleidet? War er gepflegt?«

»Wenn ihr damit meint, ob er unangenehm gerochen hat, nein, das hat er nicht. Nur beim letzten Mal hatte ich das Gefühl, dass er nach Schweiß roch. Er war sonst in seinen Bewegungen immer genau und schnell, aber da war er fahrig und unkonzentriert. An seiner Kleidung ist mir nichts Besonderes aufgefallen, es schien, als ob er eine Art Kittel trug, der seine normale Kleidung verbarg.«

»Ein teuflisch kluger Mann mit einer teuflischen Neigung. Wenn er auch Katharina umgebracht hat, dann ist nicht mit ihm zu spaßen.« Das sagte Antonius mehr zu sich selbst. Jetzt meldete sich wieder seine Angst. Er war noch nie Opfer eines Verbrechens, er war noch nie gefesselt und eingesperrt gewesen. Er bekam kaum noch Luft und geriet immer mehr in Panik. Er musste versuchen, kühlen Kopf zu bewahren. Er sagte sich den Psalm 23 weiter vor und blieb bei dem Vers stehen:

»Und muss ich auch wandern im finsteren Tal,
ich fürchte kein Unheil,
denn du bist bei mir,
dein Stock und dein Stab geben mir Zuversicht.«

Er konnte zwar nicht wandern, aber er war in einem ganz finsteren Loch und ein Stab fehlte ihm auch. Zuversicht spürte er noch nicht, aber je weiter er im Psalm vordrang, um so weniger kam er sich völlig von Gott verlassen vor. Darüber hinaus hatte er ja eine Aufgabe, er musste Theresa retten, koste es, was es wolle. Doch im Augenblick konnte er nur warten, warten, bis der Entführer wiederkam. Ob das noch am selben Tag geschehen würde, wusste er nicht.

»Wie oft ist der Unbekannte am Tag zu dir gekommen? Einmal? Zweimal?«

»Ich hatte zuerst jedes Gefühl für Zeit verloren, deswegen konnte ich kaum zwischen Tag und Nacht unterscheiden. Ihr seht ja selbst, dass kaum Licht in dieses Loch dringt. Nach und nach aber habe ich mich an meine Umgebung gewöhnt und gemerkt, wann Morgen war. Ich habe mich an meine Kindheit erinnert und an das Vogelgezwitscher in unserem Wald, das frühmorgens immer besonders laut war. Daraus schloss ich, dass er meistens abends kam, einmal am Tag, ich glaube nicht, dass er morgens unterwegs war. Bis auf heute.«

»Hast du heute schon etwas zu essen bekommen?«

»Nein.«

»Dann dürfen wir hoffen, dass er heute noch einmal kommt. Bis dahin haben wir Zeit, uns etwas zu überlegen.«

Antonius fiel selbst auf, wie wenig er an den Erfolg seiner Worte glaubte. Er hatte sie mehr zu Theresa gesagt, damit sie sich wenigstens etwas Hoffnung machte. Sein Kopf schmerzte noch immer heftig, seine Übelkeit hatte aber etwas abgenommen. Er hatte ja immer schon die Fähigkeit, sich ganz auf ein zu lösendes Rätsel zu konzentrieren, aber er war noch nie in einer solchen Situation der Schwäche und Hilflosigkeit gewesen. Er musste sich überlegen, wie er den Entführer dazu bewegen konnte, Theresa freizulassen. Würde er dafür auch sein Leben einsetzen? Er musste sich eingestehen, dass seine Fähigkeiten zum Martyrium noch nicht so stark ausgeprägt waren. Er hing an seinem Leben. Er hatte Angst vor dem Tod. Auch wenn er an ein ewiges Leben bei Gott glaubte, sterben wollte er eigentlich so bald nicht. Wie um von sich selbst abzulenken, überlegte er, welches Vorgehen er Theresa vorschlagen sollte. Wie könnte sie ihren Entführer dazu bewegen, von ihr abzulassen? Er hatte keine Erfahrung mit Opfern von Gewalt und Vergewaltigung, er war sich nicht sicher, ob es nicht gerade die Angst des Opfers war, die den Täter zu noch mehr Gewalt anstachelte. Deshalb fragte er:

»Hast du deinem Entführer gezeigt, wie sehr du Angst hast?«

Als er das gesagt hatte, fiel ihm schon auf, wie unsinnig diese Frage war. Aber Theresa hatte gar nicht die Kraft, sich über die Frage zu empören.

»Ich weiß nicht, wie ich meine Angst unterdrücken soll. Ich fühle mich ihm so sehr ausgeliefert, dass ich keinen kühlen Kopf behalten und keinen klaren Gedanken fassen kann. Was soll ich eurer Meinung nach tun?«

»Ehrlich gesagt, ich weiß es nicht. Vielleicht ist es am besten, wir warten erst einmal, bis er wiederkommt. Dann ist immer noch Zeit, sich etwas zu überlegen.«

Tatsächlich, es war schon Abend, als er kam. Er benutzte die Tür zu Antonius' Gefängnis, nahm aber von ihm keine Notiz, sondern ging gleich durch eine Tür in der Holzwand in den Nebenraum. Doch Antonius konnte erkennen, dass er tatsächlich, wie Theresa es gesagt hatte, in einen Umhang gekleidet war, sein Gewand darunter war nicht zu erkennen. Er hatte eine Kapuze tief ins Gesicht gezogen, das Licht, das er bei sich trug, stellte er auf ein hohen Mauervorsprung. Aus dem Nebenraum glaubte Antonius an den Geräuschen zu erkennen, dass er Theresa Gelegenheit gab, sich zu waschen. Der Entführer gab ihr wohl auch etwas zu essen, dann fesselte er sie wieder, wie er an ihrem Stöhnen hörte. Erst dann kam er zu Antonius, den er ebenfalls von seinen Fesseln löste, aber dessen Arme er vorsorglich wieder auf dem Bauch zusammenband. Er bemerkte sofort, welches Missgeschick Antonius mit dem Gefäß passiert war, und Antonius meinte ihn darüber schmunzeln zu sehen. Er gab ihm einen Kanten Brot, den er so mit beiden Händen fassen und zum Mund führen konnte. Sein Hunger war so groß, dass er gierig hineinbiss. Er gab ihm auch einen Becher frisches Wasser zu trinken, das ihm köstlicher erschien als der beste Wein, den er ab und zu im Kloster genossen hatte. Dann wurde er mit roher Gewalt wieder auf die Pritsche gepresst und festgebunden. Der ganze Vorgang dauerte etwa eine Viertelstunde. Dann verschwand der Entführer wieder, ohne auch nur ein Geräusch von sich gegeben zu haben. Nur das Drehen eines Schlüssels im Schloss betonte noch einmal ihre Gefangenschaft.

Antonius hatte natürlich all seine Sinne geschärft, um möglichst etwas über den Entführer herauszubekommen. Aber was ihm aufgefallen war, war enttäuschend wenig. Kein Körpergeruch, die Kleidung oder der Umhang roch ein wenig modrig, so als ob er in einem feuchten Raum aufbewahrt würde, die Hände waren zupackend, aber nicht grob wie bei einem hart arbeitenden Menschen. Auch ihm waren die stechenden Augen aufgefallen, von denen Theresa erzählt hatte.

Als der Fremde schon eine Zeit lang fort war, begann Theresa zu sprechen.

»Er scheint sich wieder etwas beruhigt zu haben, sein Schweißgeruch war verschwunden. Er hat mir diesmal nichts angetan, kein Schnitt, keine Berührung.«

»Daran ist sicher meine Anwesenheit schuld. So bin ich wenigstens zu etwas nütze.

Die nächsten Tage verliefen nach dem gleichen Muster. Es gab etwas zu essen, für Antonius immer nur einen Kanten Brot, Wasser zu trinken; Wasser zum Waschen nur für Theresa, den Kübel für die Notdurft. Auch Antonius musste sich an dessen Benutzung gewöhnen, die Natur verlangte ihr Recht und deshalb musste er sich überwinden.

Am dritten Tag fasste er sich ein Herz und fragte:

»Was habt ihr mit uns vor?«

Keine Antwort.

Am Tag darauf wieder die gleiche Frage: »Was habt ihr mit uns vor?«

Zu seinem Erstaunen kam auch eine Antwort:

»Ich will bald beichten.«

Antonius hatte eine entfernte Ahnung, wer der Sprecher war, obwohl der seine Stimme verstellte. Theresa wollte er seine Ahnung aber nicht mitteilen, um sie nicht noch mehr zu beunruhigen. Er fragte sich natürlich, wie das mit dem Beichten wohl gemeint sein könnte, denn zur Buße gehört auch, dass man begangenes Unrecht wieder gutmacht, wenn das möglich war. Also müssten Theresa und er frei gelassen werden, sonst würde eine Beichte nichts nützen.

»Wie soll ich das verstehen?« fragte er.

»Ihr seid Pater, ich will bei euch beichten und so meine Sünden loswerden. Aber ich brauche noch ein paar Tage Zeit, dann werdet ihr mich anhören müssen.«

»Ich werde euch auf jeden Fall anhören, doch ich kann nicht versprechen, dass ich euch die Absolution erteilen kann. Dafür gibt es bestimmte Bedingungen.«

»Bedingungen! Ihr müsst euch meinen Bedingungen unterwerfen, ich bestimme hier.«

Antonius hielt es für klüger, nicht darauf zu antworten. Er musste auf Zeit spielen.

Drei weitere Tage und keine weiteren Äußerungen. Inzwischen mussten die Leute im Kloster ihn doch vermissen. Er hatte sich zwar heimlich davongemacht, aber seine Abwesenheit musste doch wohl auffallen. So war seine zweite schwache Hoffnung, dass man ihn suchen und vor allem finden würde, aber bitte rechtzeitig.

Am nächsten Tag setzte sich der Entführer auf einen Schemel und sagte mit Bestimmtheit:

»So, jetzt will ich beichten!«

19. Kapitel

etwa acht Tage danach

»Wo ist Pater Antonius?« Die Frage wurde von immer mehr Klosterangehörigen gestellt. Als erste war es Schwester Hildegundis, dann erreichte die Frage immer mehr Nonnen, fast zum Schluss erst die Äbtissin. Auch unter den Bediensteten wurde gefragt, den Knechten und Mägden, aber auch beim Jagdaufseher und den beiden Patres, dem Prior und dem Kaplan. Beim Prior war eine gewisse Besorgnis zu spüren, beim Kaplan weniger, aber das lag wohl in seiner Natur. Aber da inzwischen schon fast eine Woche vergangen war, half Abwarten allein nicht mehr. Es musste gehandelt werden. Aber was sollte man tun?

Da fiel der Äbtissin ein, dass Antonius schon einmal sehr plötzlich in sein Kloster zurückgekehrt war. Aber dieses Mal hatte er sich nicht abgemeldet, und das gab ihr zu denken. Sie wusste, dass Schwester Hildegundis das besondere Vertrauen von Pater Antonius genoss, also ließ sie sie rufen.

»Was meinst du? Glaubst du, dass Pater Antonius etwas zugestoßen ist?«

Das Gesicht der Schwester, sonst immer sehr starr, zeigte deutliche Spuren der Besorgnis.

»Ich mache mir große Sorgen. Eine eigene Unternehmung, nur um etwas herauszufinden, traue ich Pater Antonius zu. Aber eine Abwesenheit von mehreren Tagen, nein. Er ist in Gefahr, da bin ich sicher. Wir müssen ihn suchen lassen.«

»Ich muss mir meiner Sache sicher sein. Deshalb werde ich eine Botschaft an das Gladbacher Kloster schicken und nach Antonius fragen. Erst wenn ich weiß, dass er dort nicht ist, werde ich etwas unternehmen.«

Sie gab ihrem Jagdaufseher den Auftrag, nach Gladbach zu reiten und dem Abt eine Botschaft zu übermitteln. Der nahm, wie es seine Art war, den Auftrag mit Anmut und Gelassenheit an.

Den Abt von Gladbach versetzte die Botschaft der Äbtissin in große Bestürzung. Er rief sofort seine engsten Berater, den Prior Johannes,

Pater Gottfried und auch, zu dessen Überraschung, Ruprecht zu einer Besprechung zusammen.

»So kenne ich Antonius nicht«, sagte Gottfried, »da muss etwas geschehen sein. Er würde nie so lange wegbleiben, ohne die Äbtissin oder euch um Erlaubnis zu bitten.«

»Du hast vollkommen recht. Was sollen wir tun?«, entgegnete der Abt.

»Ich schlage vor, Ruprecht nach Novum Opus zu schicken, damit er dort etwas herausfindet.«

»Mich?«, Ruprecht sprang entsetzt auf, »Wie soll ich das machen? Ich mache mir zwar große Sorgen, aber ich wüsste nicht, wie ich ihn finden soll.«

»Du musst doch etwas von deinem Lehrmeister gelernt haben, um zu wissen, wie man Verborgenes oder einen Verborgenen findet.«, sagte der Abt mit einer Bestimmtheit, die keinen Widerspruch zuließ, »Es ist schon spät, mach dich morgen früh auf den Weg. Gott steh uns und Antonius bei, dass du ihn rechtzeitig findest.«

Damit war das Gespräch beendet, der Prior hatte, wie üblich, nichts Wesentliches beigetragen.

Die Sache drängte. Der Abt hatte Ruprecht erlaubt, die Kutsche nach Novum Opus zu nehmen, und so kam er schon am frühen Vormittag zwischen Terz und Sext dort an. Ruprecht ging sofort zur Äbtissin, die ihn mit einem Ausdruck zwischen Freundlichkeit und Besorgnis empfing.

»Du musst Pater Antonius finden, koste es, was es wolle. Wir haben schon zwei Schwestern, einen Bauern und einen Knecht verloren. Hier geht ein gefährlicher Mörder um, und ich befürchte, dass auch Antonius in seinen Klauen ist. Hoffentlich ist ihm nichts geschehen!«

»Auch ich bin, verehrte Frau Äbtissin, sehr besorgt. Ich will alles tun, ihn zu finden, nur, ehrlich gesagt, ich weiß überhaupt nicht, wie. Vielleicht könnt ihr mir einen Rat geben.«

»Frag Schwester Hildegundis, sie hat mit Antonius gesprochen. Sie wird dir gerne helfen, wenn sie kann. Du kannst sie noch vor der Sext fragen, dann solltest du an unserem Mittagsmahl teilnehmen, denn mit einem leeren Magen kann ich dich nicht losschicken.«

Die Äbtissin rief eine Magd und gab ihr den Auftrag, Schwester Hildegundis zu holen. Sie erschien so schnell, dass Ruprecht meinte, sie habe nur auf einen Auftrag gewartet. Er war zuerst über ihr Äußeres erstaunt und konnte sich nicht vorstellen, dass sie überhaupt einem Menschen, ihn eingeschlossen, mit Sympathie begegnete. Die beiden verließen das Zimmer der Äbtissin, dann führte Hildegundis ihn hinaus in den Klostergarten. Die Schwester schien etwas auf dem Herzen zu haben, und was sie Ruprecht mitteilen wollte, war sicher nicht für andere Ohren bestimmt. Mitten in den Blumenbeeten stand eine Steinbank, auf der sie Platz nahmen. Als sie zu reden anfing, milderte sich ihr strenger Gesichtsausdruck etwas, und Ruprecht fasste mehr Vertrauen.

»Ich weiß von Pater Antonius, dass er sehr viel von dir hält, deswegen kann ich dir auch vertrauen. Er hatte mich gebeten, mich ein wenig unter den Menschen hier umzuhören, und das habe ich auch getan. Die Mägde und Knechte wissen ja oft mehr als die Herrschaften selbst. Aber bis die mal mit der Sprache herausrücken, dauert es etwas. Jetzt, da Pater Antonius verschwunden ist, ist die Gefahr natürlich besonders spürbar. Das hat vielleicht die Zunge einiger gelockert.«

»Ich denke an die sprichwörtliche Nadel im Heuhaufen«, sagte Ruprecht seufzend, »wenn wir Antonius finden sollen.«

»Sei nicht so skeptisch!« Sie senkte ihre Stimme. »Ich habe da etwas gehört, das uns vielleicht weiterhilft. Eine Magd hat mir erzählt, dass im Wald eine Hütte ist, in der sich ein Herr – den Namen wollte sie mir nicht nennen – mit ihr getroffen hat. Sie schien einer solchen Begegnung gegenüber nicht abgeneigt gewesen zu sein, doch sie deutete an, dass es für sie eine Enttäuschung war. Er habe sie deshalb auch nie wieder gefragt.«

»Kann die uns nicht zu der Hütte hinführen?«

Hildegundis schaute Ruprecht mit großen Augen an. Da merkte er, dass er einen sehr naiven Vorschlag gemacht hatte.

»Sie wird alles tun, nur das nicht! Dazu hat sie viel zu viel Angst. Sie hat eine grobe Richtung angegeben, in der die Hütte zu finden ist. Zu mehr war sie nicht bereit.«

»Dann muss ich sofort auf die Suche gehen.«

Ruprecht wollte sich erheben, doch die Schwester bedeutete ihm, dass er sitzen bleiben solle.

»Du bist dir doch bewusst, wie gefährlich ein Alleingang wäre. Dein Freund Antonius wird das schon versucht haben, und es ist ihm schlecht bekommen. Nein, zuerst wird gegessen, dann werde ich unseren Oberknecht, Willem, bitten, dich zu begleiten. Vielleicht nehmt ihr noch ein paar Leute mit.«

Damit war Ruprecht schließlich einverstanden.

***

Obwohl sein Beichtkind sich in eine Art Kapuzenmantel eingehüllt hatte und er mit krächzender Stimme sprach, hatte Antonius eine Ahnung, wer da neben ihm saß. Aber er ließ sich nichts anmerken.

»In Demut und Reue bekenne ich meine Sünden. Ich habe drei Menschen umgebracht. Bitte sprecht mich von diesen Taten los.«

Antonius musste nachdenken. Er wollte zuerst einmal Zeit gewinnen. Andererseits durfte er sein Beichtkind nicht verärgern.

»Ich habe noch nie im Liegen Beichte gehört. Glaubst du nicht, dass du mich losbinden kannst? Ich verspreche dir auch, dass ich nicht zu fliehen versuchen werde.«

Der Entführer schien verschiedene Möglichkeiten abzuwägen. Er betrachtete Antonius' Figur, und was er sah, ließ seine Bedenken schwinden. Er löste die Handfesseln, dann die Fußfesseln, half dem Gefangenen dabei, sich aufzurichten, band ihm dann aber die Füße wieder zusammen. Antonius war klar, dass er es mit einem intelligenten, nüchtern kalkulierenden Mann zu tun hatte, der kein Risiko eingehen wollte.

»So, jetzt könnt ihr mich lossprechen.«

Antonius atmete tief durch, sein Körper musste sich erst an die neue Haltung gewöhnen. Das gab ihm auch Zeit, über seine nächsten Schritte nachzudenken. Das aufrechte Sitzen tat ihm auch gut. Aber jetzt musste er reden.

»Du weißt sicher, dass es bei der Beichte bestimmte Regeln gibt, ohne die dich kein Priester von deinen Sünden lossprechen kann. Du hast selbst schon gesagt: ›In Demut und Reue bekenne ich meine Sünden.‹ Ich bin verpflichtet, mich davon zu überzeugen, ob du deine Taten bereust.«

»Natürlich bereue ich. Meint ihr, ich hätte das gern getan?«

Da kam ein scharfer, aggressiver Ton in seine Rede, die Antonius zur Vorsicht mahnte. Der Mann war gefährlich, da war er sich sicher. Also versuchte er, noch mehr Ruhe und Verständnis zu vermitteln.

»Ich glaube dir. Aber es ist schwer zu verstehen, dass du drei Menschen getötet hast und einen weiteren gefangen hältst, von mir einmal ganz abgesehen. Ich meine, du solltest deinen guten Willen dadurch zeigen, dass du wenigstens die Schwester freilässt.«

»Das kommt überhaupt nicht in Frage, die hat doch nichts Eiligeres zu tun, als mich zu verraten.«

Die Empörung in den Worten des Entführers sagte Antonius, dass er von Buße und Umkehr noch sehr weit entfernt war.

»Also gut. Was würdest du denn vorschlagen, wie würde sich dein Wunsch nach Wiedergutmachung zeigen?«

»Wiedergutmachung? Tote kann man nicht mehr ins Leben zurückholen, was soll ich denn da noch wieder gutmachen?«

»Zeig mir doch wenigstens, das dir die Taten leid tun. Ich schlage vor, du erzählst mir von dir. Vielleicht finde ich dann so etwas wie Reue bei dir. Alles, was du mir erzählst, fällt unter das Beichtgeheimnis. Ich werde niemals etwas von dem, was du sagst, verraten. Das schwöre ich bei allem, was mir heilig ist.«

Langsam wurden die Züge seines Gegenübers, soweit er sie erkennen konnte, weicher. Es dauerte Minuten, in denen nichts gesagt wurde. Das war das schwierigste Beichtgespräch, das Antonius je geführt hatte. Er suchte nach dem Schlüssel zu dieser Person, er konnte nur hoffen, dass er Erfolg hatte. Dann begann sein Gegenüber langsam, mit belegter Stimme zu reden:

»Ich liebe Frauen, und ich hasse sie. Wenn ich sehe, wie sie sich bewegen, fühle ich mich angezogen. Ich möchte sie berühren, sie umarmen, aber sie wollen nicht. Sie lehnen mich ab, sie stoßen mich zurück, es ist zum Verzweifeln.«

Antonius wagte einen vorsichtigen Einwand:

»Aber du hast doch eine Frau. Genügt dir die denn nicht?«

Seine Züge verhärteten sich wieder.

»Ja, ich habe eine Frau!« Er spie diesen Satz mit so viel Verachtung aus, das Antonius erschrak. Dann wurde er wieder etwas ruhiger.

»Ja, ich habe eine Frau und ich habe doch keine. Zu Anfang war sie noch ganz gut zu mir, doch als unsere Kinder geboren wurden, und die Geburten waren schwer, war sie immer wieder krank, oder sie sagte wenigstens, sie sei krank. Sie verweigerte sich mir. Sie hatte wohl Angst, weitere Kinder zu kriegen. Was sollte ich da machen? Ich versuchte es bei anderen Frauen. Vielleicht habe ich etwas falsch gemacht.«

»Das glaube ich auch«, sagte Antonius leise, »mir fehlt zwar die Erfahrung, doch ich glaube, dass man mit Gewalt nichts erreicht. Was meinst du?«

»Pater, bei allem Respekt, das Gegenteil ist richtig. Gewalt bringt mir höchste Befriedigung. Wenn ich eine Frau ängstlich oder leidend sehe, fühle ich mich groß.«

»Und wie lange hält dieses Gefühl an? Wie ist es, nachdem du dein Opfer umgebracht hast? Dann suchst du wieder ein neues Opfer. Wo soll das enden?«

»Am Ende werde ich wohl erwischt werden. Und dann möchte ich mit reinem Herzen vor Gott treten. Deshalb beichte ich ja.«

»Und was ist mit den übrigen Ermordeten? Bist du dafür auch verantwortlich?«

»Ja und nochmals ja. Die haben versucht, sich mir in den Weg zu stellen oder mich zu verraten. Der dumme Bauer wollte mich erpressen. Er hatte etwas beobachtet. Das konnte ich nicht zulassen.«

»Hast du mit einer Armbrust auf uns geschossen?«

»Wie kommt ihr auf die Armbrust? Ach, jetzt ist mir klar, dass ihr die Nuss gefunden habt. Da hätte ich ja noch lange suchen können. Und der Schuss sollte eine Warnung sein.«

»Was war mit dem Knecht? Wollte der dich auch erpressen?«

»Nun, der hatte gemerkt, dass mit diesem Haus etwas nicht stimmte. Den musste ich daran hindern, zu plaudern.«

»So, nachdem nun alles heraus ist, was geschieht mit uns beiden? Wirst du uns freilassen?«

»Damit ihr mich verraten könnt? So verrückt bin ich nun auch wieder nicht. Ihr bleibt hier.«

»Bis wir verhungert sind.«

»Das könnte geschehen. Das wäre dann so eine Art Gottesurteil.«

»Mit dieser Erklärung wäre ich vorsichtig. Was den lieben Gott angeht, und ich meine das ernst mit dem lieben Gott, selbst wenn ich dich losspreche, ob Gott diese Lossprechung annimmt, weiß ich nicht.«

Es herrschte Stille im Raum. Antonius dachte fieberhaft nach, wie er sich verhalten sollte. Von außen war kein Laut zu hören, das Licht nahm langsam ab. Dann hörten sie ein klagendes Geräusch aus dem Nebenraum. Antonius dachte an Theresa. Er wollte ihr helfen. Er wollte das Schlimmste von ihr fernhalten. Der Beichtende rückte auf seinem Hocker hin und her. Er verlor langsam seine Geduld. Dann wäre alles zu spät. Antonius fällte eine Entscheidung. Gott würde es richten, glaubte er. Er richtete sich gerade auf, um die entscheidenden Worte zu sprechen:

»Deinde te absolvo a peccatis tuis, in nomine Patris et Filii, et Spiritus Sancti, Amen.«*

Und dabei segnete er sein Beichtkind mit dem Kreuzzeichen. Für einen kurzen Augenblick glaubte Antonius zu sehen, wie ein Strahlen über sein Gesicht ging. Dann sprang der Mann auf, band Antonius wieder an seinem Lager fest und verließ hastig den Raum.

---

* Und so spreche ich dich los von deinen Sünden, im Namen des Vaters und des Sohnes und des Heiligen Geistes, Amen.

20. Kapitel

Im Laufe des Nachmittags wurde eine Truppe zusammengestellt, die Theresa und Antonius finden sollte. Man traf sich auf dem Vorhof zur Pforte mit Willem, dem Oberknecht, und fünf weiteren Männern, denen man ansah, dass sie kräftig zupacken konnten. Schwester Hildegundis betrat in Begleitung von Ruprecht den Vorhof, sie wollte sicher sein, dass dem jungen Mönch aus Gladbach Respekt gezollt wurde. Sie gingen zur von der Pforte gesehen linken Seite, damit man als zufällig Vorbeikommender nicht sehen konnte, was im Hof geschah. Die Männer bildeten sofort einen Halbkreis um sie, Hildegundis atmete tief durch, dann begann sie mit ihrem Vortrag:

»Ihr wisst schon, worum es bei diesem Auftrag geht. Doch zuerst möchte ich euch Bruder Ruprecht aus dem Kloster Gladbach vorstellen, ein enger Vertrauter von Pater Antonius. Seit mehreren Tagen wird Pater Antonius vermisst, und wir befürchten, dass er zusammen mit unserer armen Mitschwester Theresa gefangen gehalten wird. Wir müssen versuchen, die beiden noch rechtzeitig zu finden, denn die Gefahr, dass ihnen etwas zustößt, ist nach den Erfahrungen der letzten Wochen groß. Wir glauben, dass sie in einer Hütte mitten im Wald gefangen sind, und diese Hütte liegt, wie wir vermuten, in dieser Richtung«, und damit wies sie mit der rechten Hand in den Klosterwald. Die Mienen der Männer waren undurchdringlich, wenn sie schon von diesem Ort wussten, so ließen sie sich nichts anmerken. Vor allem Willem machte ein ernstes, aufmerksames Gesicht, sich ganz seiner Autorität bewusst, die er über die Männer hatte.

»Bruder Ruprecht wird euch begleiten, und wenn er euch Anweisungen gibt, dann folgt ihm.«

Nun war es an der Zeit für Ruprecht, das Wort zu ergreifen. Er musste aus dem Schatten der Schwester heraustreten, aber er wusste natürlich auch, dass er mit den Männern schon wegen seiner Jugend behutsam umgehen musste. Er räusperte sich mehrmals und fing dann an zu reden:

»Vielen Dank, Schwester, vielen Dank, ihr Männer, dass ihr bereit seid, uns zu helfen. Ich bin hier fast völlig fremd, deshalb muss ich mich auf eure Erfahrung verlassen, vor allem auf den Oberknecht«. Da trat der Genannte vor und nannte seinen Namen, und Ruprecht fuhr fort. »Ihr kennt das Gelände gut. Nur, falls es dazu kommt, dass wir am Ende zupacken, da bitte ich euch, mir zu folgen.«

Der Himmel hatte sich zugezogen, die Wolken türmten sich auf, es war mit Regen zu rechnen. Das hatte den Vorteil, dass das Licht schon nachgelassen hatte und die Bewegung im Wald unauffälliger machte. Da niemand wusste, wer der Entführer war, musste man vorsichtig sein, damit der nicht vorzeitig von dem Unternehmen Kenntnis bekam und sich darauf einstellte.

Ruprecht flüsterte Schwester Hildegundis etwas ins Ohr, daraufhin ergriff sie noch einmal das Wort:

»Wir schlagen vor, dass ihr einzeln auf verschiedenen Wegen in den Wald geht und euch vor der Lichtung mit der Hütte trefft. Geht so unauffällig wie möglich, macht keinen Lärm, verlasst das Kloster nicht auf einmal und nur durch die Hauptpforte, sondern benutzt auch die Nebenausgänge, die ihr ja alle kennt. Wenn ihr jemandem begegnet, benehmt euch wie selbstverständlich, aber merkt euch das Gesicht. Am Treffpunkt werden dann Bruder Ruprecht und Willem über das weitere Vorgehen entscheiden. Und nun geht mit Gott, der euch allen beistehen möge bei eurer schweren Aufgabe.«

Ruprecht schloss sich bewusst nicht Willem an, das wäre zu auffällig gewesen. Er ging mit einem der jungen Knechte, der schon bei Antonius' Besuch bei der Witwe des Bauern Jan beteiligt gewesen war.

»Hoffentlich kriegen wir den Kerl, der so was Schlimmes gemacht hat. Wenn es nach mir geht, machen wir den sofort kalt. Etwas anderes hat der doch nicht verdient.«

Ruprecht zog es vor, zu schweigen; sein Empfinden von Recht und Gerechtigkeit, das er bei Antonius kennen und schätzen gelernt hatte, war diesem jungen Mann in dieser Lage wohl kaum zu vermitteln. Stattdessen fragte er:

»Wieso glaubst du, dass die Taten alle von *einem* Menschen verübt worden sind?«

Die Antwort kam sehr schnell, so dass Ruprecht sich wunderte:

»Seit Menschengedenken – das weiß ich von meinem Vater – ist hier kein solches Verbrechen begangen worden. Und jetzt kommen sie Schlag auf Schlag. Das ist doch kein Zufall. Da muss doch einer dahinter stecken. Sagt wenigstens mein Vater.«

Ruprecht sah den Jungen von der Seite an und genoss die Ernsthaftigkeit, mit der er sprach. Inzwischen waren sie auf verschlungenen Pfaden im Klosterwald angekommen. Der Weg war kaum zu erkennen, die Zweige wischten ihnen durchs Gesicht, aber der Junge ging mit schlafwandlerischer Sicherheit, auf die er sich verließ.

»Du kennst dich aber gut aus«, flüsterte Ruprecht, »du bist wohl hier aufgewachsen. Wie bist du an die Arbeit im Kloster gekommen?«

»Durch meinen Vater, den Willem.«

Jetzt erkannte Ruprecht auch die Ähnlichkeit zwischen Vater und Sohn. Als sie an der Lichtung ankamen, trafen sie tatsächlich auf die anderen, ein Zeichen Willems genügte, und sie zogen sich in das Unterholz zurück. Dort hielt man kurz Kriegsrat. Willem sprach leise aber bestimmt:

»Wir verteilen uns gleichmäßig um die Lichtung herum. Wir passen auf, dass keine Maus unentdeckt durchkommt. Wenn ihr etwas bemerkt, meldet euch mit dem Schrei der Nachteule, den ihr alle kennt. Ihr, Bruder Ruprecht, bleibt bitte bei mir. Also los, beeilt euch, aber macht keinen Lärm.«

Alles blieb erstaunlich ruhig, nur ab und zu war das Knacken trockener Zweige zu hören, was auch von Tieren verursacht sein konnte. Nach kurzer Zeit kehrte vollkommene Ruhe ein.

Ruprecht wagte, eine Frage zu stellen:

»Habt ihr das vorher geübt? Ihr bewegt euch wie in eurer Stube.«

»Der Wald ist unsere Stube. Im Ernst, wir werden bei der Jagd als Treiber eingesetzt, da müssen wir uns manchmal ganz leise bewegen und manchmal Krach machen, um das Wild im rechten Augenblick aufzuscheuchen. Wir haben also Übung.«

Eigentlich zitterte Ruprecht wie Espenlaub, so aufgeregt war er. Er atmete tief durch, um sich zu beruhigen, das gelang auch nach einiger Zeit, die ruhige Art Willems tat ihr übriges. Dann wagte Ruprecht zu fragen:

»Sag mir bitte, wie es kommt, dass ich den Eindruck hatte, dass du und deine Mitknechte sehr wohl wusstet, was mit dem Haus auf der Lichtung gemeint war. Habe ich Recht?«

Willem sah ihn von der Seite an, als ob er einschätzen wollte, ob der junge Mönch die Wahrheit vertragen könnte. Dann fing er an:

»Na ja. Dieses Haus hat einen bestimmten Ruf. Manche, vor allem die Frauen natürlich, sagen, dass es in ihm spukt. Deshalb gehen wir nicht gern in seine Nähe. Der Täter weiß das wohl auch und nützt das aus. Heute machen wir eine Ausnahme für unser Kloster. Und wir sind ja nicht allein.«

Es verging eine Stunde, es vergingen zwei Stunden, ohne dass sich jemand zeigte. Ruprecht war eingenickt, Willem ließ ihn in Ruhe, er selbst blieb aber wachsam. Das Läuten zur Matutin war schon vorbei, keine Menschenseele war zu sehen. Die anderen Männer waren nicht zu hören, einige waren vielleicht auch eingeschlafen. Willem hoffte, dass sie beim Eulenschrei sofort wach würden. Auch in den nächsten Stunden geschah nichts. Inzwischen war Ruprecht längst wieder wach geworden. Er sagte zu Willem:

»Entschuldige, dass ich schwach geworden bin, der Tag gestern muss mich wohl sehr ermüdet haben. Aber, was machen wir denn, wenn wirklich jemand kommt und die Hütte betritt? Packen wir vorher zu oder lassen wir ihn reingehen?«

»Warum gehen wir da nicht einfach rein und holen die beiden raus? Das ganze Warten nützt doch nichts.«

Da zeigte sich doch, was Ruprecht von seinem Meister gelernt hatte, das konnte er so nicht auf sich beruhen lassen:

»Und wir werden nie erfahren, wer der Entführer und der Mörder ist. Wenn wir den Übeltäter nicht fassen, wird er seine Taten irgendwann fortsetzen. Wir müssen Geduld haben, auch wenn es uns schwer fällt.«

Trotz der Wolkenbildung am Abend vorher war es trocken geblieben, und Gott sei Dank war es nicht kalt. Doch die Feuchtigkeit des Waldbodens kroch langsam an den Beinen und am Rücken hoch. Ruprecht dachte schon ans Aufgeben, als knackende Geräusche erst sehr verhalten, dann immer deutlicher zu hören waren. Sofort waren

Mutlosigkeit und Müdigkeit vergessen, Seh- und Gehörsinn waren bis zum äußersten gespannt. Und dann sahen sie, dass da jemand kam. Der Mann ging seelenruhig den Weg entlang, er hatte sich in einen langen Umhang mit Kapuze gehüllt. Seine Haltung zeigte, dass er tatsächlich von der Überwachung keine Ahnung hatte. Er ging auf die Hütte zu, öffnete, ohne sich auch nur einmal umzublicken, die Tür und verschwand.

***

Antonius hatte tief geschlafen. Er hatte sich inzwischen so sehr an seine Gefangenschaft gewöhnt, dass er seine alte Fähigkeit wieder gewonnen hatte, bei jeder sich bietenden Gelegenheit einzuschlafen und sofort wach zu werden, wenn es nötig war. Er hörte das Geräusch des sich drehenden Schlüssels und war sofort aufmerksam. Der Mann trat ein und stellte sein Licht ab. Ohne Antonius zu beachten, ging er in den Nebenraum. Dort spielte sich das seit Tagen Übliche ab, wie man an den Geräuschen erkennen konnte. Dann hörte Antonius einen ohrenbetäubenden Schlag gegen die Tür, die sofort aus den Angeln und dem Schloss in den Raum fiel. Er hatte großes Glück, dass genügend Raum zwischen der Tür und seinem Lager war, und deshalb die Tür nicht auf ihn fiel. Das wäre sicher sehr schmerzhaft gewesen.

Er rief: »Im Nebenraum!« und deutete in die Richtung. Die Eindringlinge konnten zunächst nichts erkennen, bis sie sich etwas an die Dunkelheit gewöhnt hatten. Dann stürmten zwei durch die Verbindungstür, blieben dann aber wie angewurzelt stehen.

»Los, los, greift zu!«, brüllte Willem sie an. Sie bewegten sich nicht.

»Vorsicht, der Mann hat ein Messer!«, rief Antonius.

Willem ging zur Verbindungstür und sah, was seine Männer daran hinderte, zuzupacken. Der Fremde hielt der auf dem Bett liegenden Person ein Messer an die Kehle. Sagen brauchte er nichts, die Situation war eindeutig. Willem, der immer noch in der Tür stand, konnte nur noch eine Handbewegung machen, damit die übrigen nicht weitergingen. Alle erstarrten zur Salzsäule. Antonius dachte fieberhaft nach, was zu tun war. Er machte mit dem Kopf eine kreisende Bewegung und hoffte, dass die Knechte ihn verstehen würden. Nachdem er dann noch mit dem Kopf mehrfach eine Bewegung in Richtung der Tür gemacht hatte, verstanden die drei restlichen Männer endlich, was er meinte. Sie zogen sich so leise wie möglich zurück. Antonius hoffte, dass sie auch den Rest seiner Gebärde verstanden hatten und das Haus umstellten.

Dann schien es, als ob die Zeit zum Stillstand gekommen wäre. Der Täter bewegte sich nicht, und sein Opfer schon gar nicht; wer ihre Augen sah, wusste wie sehr sie in Todesangst war. Auch die Männer standen stockstill.

Da begann Antonius zu reden:

»Du hast gebeichtet. Du bist von Sünden frei. Begehe keine neue Sünde, dann kannst du rein vor Gott treten. Gib auf!«

Keine Bewegung, kein Wort von Seiten des Mannes! Er stand einfach nur da, leicht vorgebeugt, die Kapuze ließ sein Gesicht im Dunklen, das Messer in der Hand auf die Kehle der Frau gesetzt, bereit, ihr jeden Moment den Hals aufzuschneiden. Sie, die schon soviel Angst ausgestanden hatte, fühlte sich wie gelähmt. Das war das Ende, dachte sie.

Antonius fasste sich ein Herz und rief:

»Nimm mich als Geisel und lass die Frau frei! Ich werde dafür sorgen, dass du fliehen kannst. Keiner wird dir etwas antun.«

Noch immer keine Bewegung. Antonius machte noch einen Versuch:

»Geh' über den Fluss auf Neersener Gebiet. Da weiß man nichts von deinen Taten. Da bist du frei.«

Der letzte Vorschlag schien eine gewisse Wirkung zu haben. Der Entführer wusste, dass seine Lage aussichtslos war. Wenn er die Frau umbrachte, würden sich die Männer sofort auf ihn stürzen und ihn überwältigen. Ihn vielleicht sogar umbringen. Er könnte es sogar verstehen. Er blickte kurz auf, schaute in Richtung Antonius. Diesen Augenblick nutzten Willem und die beiden Knechte, stürzten sich auf den Entführer, rangen mit ihm, einer wurde von dem ungeheuer scharfen Messer an der Hand verletzt, bis ein anderer das Handgelenk des Mannes packen konnte und ihm das Messer entwand. Endlich war der

Entführer überwunden, er lag am Boden, ein Knecht kniete jeweils auf seinen Handgelenken, einer hatte sich mit seinem ganzen Gewicht auf seinen Leib geworfen. Kein menschlicher Laut war bisher zu hören gewesen, nicht einmal ein Schmerzenschrei des verletzten Mannes. Ein rauer, fast tierischer Laut kam aus dem Mund des Entführers, daraufhin legte Willem seine schwere Hand auf seine Kehle, und der Laut verwandelte sich in ein Röcheln. Einer der Männer löste die Fesseln von Theresa und Antonius, damit banden sie den Mann so fest, dass er sich nicht mehr bewegen konnte. Antonius erhob sich langsam von seinem Lager und ging hinüber zu Theresa, der er vorsichtig aufhalf. Sie konnte noch nicht begreifen, was in den letzten Minuten geschehen war und schaute nur ungläubig von einer Person zur anderen. Erst als sie ihren Entführer gut verschnürt am Boden liegen sah, tat sie einen tiefen Seufzer der Erleichterung; sagen konnte sie nichts.

Inzwischen waren die übrigen Männer durch die Tür hereingekommen und sahen das ganze Schauspiel. Antonius ergriff das Wort:

»Lasst ihn leben und bringt ihn gefesselt zum Kloster. Zwei Männer tragen Theresa auf der Bahre und ich komme zu Fuß hinterher. Geht bitte so langsam, dass ich mitkomme. Ich muss mich erst wieder ans Gehen gewöhnen, also nehmt bitte Rücksicht. Halt! Ich habe noch eine Idee: Einer von euch läuft bitte voraus ins Kloster und berichtet schon einmal, was vorgefallen ist. Dann wird man uns sicher gebührend empfangen. Verbarrikadiert das Haus ordentlich, damit keiner etwas wegnehmen kann.«

Dann, nachdem Willems Sohn vorgerannt war, begann ein merkwürdiger Zug durch den Wald, vorneweg der an den Händen gefesselte Entführer und Mörder, den Kopf nach unten gesenkt, eng geführt von zwei kräftigen Knechten, dann die Liege mit Schwester Theresa, getragen von zwei Männern und zum Schluss, langsam, aber aufrecht, Antonius in Begleitung von Bruder Ruprecht, der seinen Arm halb ausgestreckt hielt, um seinem Mitbruder, wenn nötig, zu helfen.

Im Kloster hatte sich die Nachricht von der Befreiung schnell verbreitet, die Äbtissin und die Schwestern waren aus ihren Zellen gekommen und hatten sich im Vorhof zum Empfang aufgestellt. Als der

Zug ankam, wurde das Tor mit beiden Flügeln geöffnet. Unterwegs waren schon Frauen, Männer und Kinder zusammengelaufen, kurz vor dem Kloster bildeten sie ein richtiges Spalier, nachdem immer mehr hinzugekommen waren. Die Menschen klatschten in die Hände, manche spuckten in Richtung des Mörders, dabei bekamen seine Begleiter auch einiges ab, was ihnen natürlich nicht gefiel. Bei Antonius wurden Hoch-Rufe laut, die ihn sichtlich verlegen machten. Schwester Theresa hätte sich am liebsten unsichtbar gemacht, so sehr schämte sie sich, nicht nur wegen ihres Aussehens, sondern auch wegen der ganzen Entführungsgeschichte und ihres eigenen Anteils daran. Als die »Prozession« das Haupttor durchschritt, klatschten die Schwestern, und nach einigem Zögern auch die Äbtissin, laut Beifall. Klosterbedienstete kamen herbeigelaufen und schlossen sich dem Beifall an. Noch bevor die Äbtissin den Befehl geben konnte, den Mörder ins Klostergefängnis zu werfen, zog einer der Männer ihm die Kapuze vom Kopf. Ein Raunen ging durch die Menge, jetzt erkannten sie, wer den Ort und das Kloster die ganze Zeit in Angst und Schrecken versetzt hatte: Es war Walter, der Pächter des Dammer Hofes. Ungläubiges Staunen breitete sich aus: Der soll das gewesen sein! Der machte doch immer so einen anständigen Eindruck! Nach und nach wurden auch andere Stimmen laut: Ich hab es immer schon gedacht, mit dem stimmt etwas nicht! Der hat seine Frau und seine Mägde nicht gut behandelt! Walter wurde schnell in den Kerker gebracht, auch um die aufgebrachte Menge davon abzuhalten, sich auf ihn zu stürzen.

Die Äbtissin ging auf Antonius zu und drückte ihm herzlich die Hand. Dann bedankte sie sich bei Ruprecht und den Knechten, dass sie so tapfer eingegriffen hatten. Die Erleichterung war ihr anzumerken. Eine Schwester kam mit Verbandszeug angelaufen und versorgte die Schnittwunde des einen Knechtes. Dann trat Mutter Odilia einen Schritt vor und deutete damit an, dass sie etwas sagen wollte. Das Geschrei der Menge ebbte nur langsam ab, bis die hohe Frau sich verständlich machen konnte:

»Lieber Pater Antonius, lieber Bruder Ruprecht. Es ist mir eine große Freude, euch hier gehabt zu haben. Vor allem ihr, Pater Antonius, habt durch eure großen Mühen unserem Kloster und unseren Mitbewohnern wieder Frieden geschenkt. Endlich können wir wieder ruhig schlafen und nach unseren Gelübden leben. Ihr seid wirklich ein Segen Gottes!«

Da kam Antonius nicht umhin, auch noch einige Worte an die Anwesenden zu richten:

»Hochverehrte Frau Äbtissin, liebe Schwestern, liebe Bewohner der Donk! Ich muss euch ehrlich sagen, dass ich bis zum heutigen Tag oft verzweifelt gewesen bin. Erst durch die Hilfe vieler Mitmenschen bin ich sozusagen über die Lösung gestolpert, wobei ich mir fast ein Bein gebrochen hätte.«

Hier musste er ein wenig schmunzeln, aber dann fuhr er fort:

»Ich möchte hier zuerst an die Opfer der Verbrechen erinnern, allen voran Schwester Katharina, dann an den Bauern Jan und den Knecht Johann, aber auch Schwester Theresa, die mit knapper Not davongekommen ist und der ich eine gute Genesung wünsche. Sie waren verstrickt in Übeltaten, die wir nicht erklären können. Wir haben einen Blick in menschliche Abgründe getan, und es fällt uns schwer, wieder zum Alltag zurückzukehren. Um eines möchte ich euch noch bitten: Gedenkt im Gebet nicht nur der Opfer, sondern auch des Täters, der, nachdem er vor ein irdisches Gericht getreten ist, auch vor dem himmlischen Richter erscheinen muss, auf dass er einen gnädigen Richter finde. Ich danke euch allen.«

Langsam, immer mehr zunehmend, erhob sich Beifall, der von den Wänden des Klosterhofes widerhallte. Endlich bestand Hoffnung, die Klostergemeinschaft wieder in ruhigeres Fahrwasser zu leiten. Inzwischen war auch der Prior eingetroffen, auch er bedankte sich bei Antonius und den übrigen.

Dann rief wie ein Signal zur rechten Zeit die Glocke zur Sext. Nicht nur die Schwestern gingen in die Kirche, sondern auch Knechte, Mägde und Bewohner, so dass die kleine Klosterkirche zum Bersten voll wurde. Der Prior – von seinem Kaplan war nichts zu sehen – hielt das Stundengebet, am Klang des Wechselgesanges konnte man die Freude und die Erleichterung hören, die im ganzen Kloster und im Ort zu spüren war.

Ein ereignisreiches Jahr ging dem Ende zu. Ein Jahr mit Folgen, mit denen einige zurechtkommen mussten. Schwester Theresa ließ sich, wie sie es in der Gefangenschaft angekündigt hatte, von ihren Gelübden entbinden und kehrte in das Haus ihrer Eltern zurück. Sie war noch jung genug, und ihre Eltern waren auch bereit, sie durch eine Mitgift zu einer »guten Partie« werden zu lassen.

Der Bauer Walter musste sich vor dem Halsgericht in Jülich verantworten, er wurde aufgrund der Aussagen von Zeugen, zu denen auch Antonius gehörte, zum Tode verurteilt. Antonius unterschied sehr genau zwischen seinen Erkenntnissen als Augenzeuge und dem, was ihm in der Beichte anvertraut worden war. Die Hinrichtung fand auf der Lichtung statt, auf der das geheimnisvolle Hause gestanden hatte. Es war nämlich kurz nach der Festnahme in Flammen aufgegangen. Der Feuerschein war eines nachts bis zum Kloster zu sehen gewesen, doch niemand ergriff Maßnahmen, das Feuer zu löschen. So glaubte man, nach der Hinrichtung wieder zum normalen Alltag übergehen zu können, befreit von den Ängsten; aber auch den Schuldgefühlen, die mit diesem Platz verbunden waren.

Bei Familie Ulner ging man auch nach und nach wieder zum Alltag mit Geschäften und anderen Pflichten über. Die Wunde, die der Tod Gretgens hinterlassen hatte, war noch lange nicht verheilt, vielleicht ließen die Schmerzen etwas nach, aber sie verschwanden nicht. Wenigstens eine Sorge, die Sorge um die Kinder, wurde Thomas genommen, weil Antonius ihm die Magd vom Dammer Hof, Hannah, vermittelt hatte, die froh war, den so mit Erinnerungen belasteten Hof verlassen zu können, und deren Kinderliebe sie zu einer guten Amme für die kleinen Ulner werden ließ.

Die Misslichkeit des Abtes blieb bestehen, auch beim nächsten Generalkapitel der Bursfelder Kongregation konnte er natürlich die erbetenen Briefe nicht vorweisen. Einen eigenen Fehler in dieser Versammlung zuzugeben, dazu konnte er sich nicht durchringen. Die Stärke, ein Versagen einzugestehen, besaß er, sehr zur Enttäuschung von Antonius, nicht.

Das traurigste Ereignis, das Antonius zur Verzweiflung brachte, war, dass Gretchen aus Engelbleck zwei Jahre später wieder angezeigt und verhaftet wurde und diesmal dem Feuertod nicht entging. Die Zeit war noch nicht reif für seine Ideen, das Blatt mit seinen Ausführungen zu den Hexenprozessen ruhte tief in seinem Pult.

... und so geht es weiter – demnächst:

Was übrig bleibt

1. Kapitel

Im Mai 1518

Die Kopfschmerzen waren unerträglich. Von morgens früh bis abends spät hämmerte es in Lisbeths Kopf, und wenn sie abends todmüde ins Bett ging, lag sie doch noch stundenlang wach und wälzte sich herum, bis sie gegen Morgen in den Schlaf sank. Ihr Gesicht war wie zur Maske erstarrt, ihr Gang schleppend, nie verzog sie ihr Gesicht zu einem Lächeln. Dabei hätte sie allen Grund gehabt, glücklich zu sein. Sie hatte vier Kinder zwischen acht und 14 Jahren, aber als der Jüngste geboren war, hatte der Schmerz sie regelrecht überfallen. Ihr Mann, der immer gut zu ihr gewesen war, versuchte sich in Geduld, aber konnte ihren Zustand kaum noch ertragen, die ganze Familie litt mit. Ihre Schwiegereltern, die noch auf dem Hof in Korschenbroich lebten und Fürsorge brauchten, fühlten sich vernachlässigt und klagten.

Was hatte sie nicht schon alles versucht! Sie war zu Gesundbeterinnen gegangen, hatte Quacksalber besucht, hatte sich zahlreichen Qualen unterworfen – alles ohne auch nur eine Spur von Besserung. Nachbarinnen empfahlen ihr alle möglichen Hausmittelchen von kühlenden Umschlägen um den Kopf bis zum Trinken ihres eigenen Urins – alles vergebens. Eines Tages traf sie ihren Pastor, der ihr schon von weitem ansah, dass mit ihr etwas nicht stimmte. Er hörte sich geduldig ihre Klagen an und dachte kurz nach.

»Ich mache dir einen Vorschlag: In Gladbach werden in den nächsten Tagen die Heiligtümer ausgestellt. Eine besonders wertvolle Reliquie ist das Haupt des heiligen Laurentius. Eine ganze Woche lang kann man zu ihm hingehen und ihm sein Leid klagen. Er hat selbst soviel gelitten, bevor er für seinen Glauben starb, dass er sicher auch für dein Leiden Verständnis hat und vielleicht für Besserung sorgt. Mach dich auf den Weg nach Gladbach, dein Mann kann dich hinfahren. Mach alles mit, was man dir aufträgt. Das hilft sicher. Geh mit Gott!«

»Aber mein Mann wird mich nicht fahren wollen, der sagt immer, dass er keine Zeit hat.«

»Wenn du willst, rede ich mit ihm, das wird schon etwas nützen.«

Lisbeth wusste nicht so recht, ob sie ihm Glauben schenken sollte. Sie war im Lauf der Zeit misstrauisch geworden, aber dann sagte sie sich: »Auch wenn es nichts nützt, schaden wird es mir wohl nicht, wenn ich hingehe.«

***

Da, wo der Weg vom Gladbacher Markt zum Weihertor führte, lag kurz vor dem Tor auf der rechten Seite eine Gruppe von sieben Häusern, die man Fuchshütte nannte. Die Häuser waren schäbig und ungepflegt, und die Vorbeigehenden beachteten sie kaum. Den Bewohnern war das nur recht, denn sie scheuten aus verschiedenen Gründen allzu viel Licht der Öffentlichkeit. Der etwa vierzigjährige Pitter war so etwas wie der selbsternannte Obmann des Viertels, er sah alles und wusste alles, was um ihn herum geschah. Ständig war er auf der Gasse, hatte offensichtlich sehr viel Zeit und schien keiner regelmäßigen Tätigkeit nachzugehen. Er hatte zwar hinter dem Haus eine kleine Werkstatt, in der er Holzschuhe herstellen konnte, aber viele Kunden hatte er nicht. Seinen Nachbarn war einfach nicht klar, wovon er lebte. Auch wenn jemand dachte, dass bei Pitter nicht alles mit rechten Dingen zuging, dann wagte es keiner, diesen Gedanken auszusprechen, teils aus Angst vor Pitter und seinem Wissen, teils aus dem Wunsch, nicht zuviel von sich selbst preisgeben zu müssen. Wenn Pitter vor seiner Haustür stand, konnte sich der Vorbeigehende einem Gespräch nur schwer entziehen, irgendetwas Neues gab es sicher zu erfahren oder mitzuteilen. Seine Frau hielt sich sehr im Hintergrund, sie war kaum auf der Straße zu sehen, Besorgungen zum Markt brauchte sie fast nicht zu machen, alles zum Leben Notwendige erntete sie in ihrem großen Garten, der sich vom Haus bis hinunter zur Stadtmauer erstreckte.

Heute am Freitagmorgen war alles anders. Pitter war nicht da! Die Nachbarn wussten nicht, ob sie sich freuen oder Sorgen machen sollten, so ungewöhnlich war Pitters Abwesenheit. Seine Frau schaute ab und zu aus dem Fenster, auch sie schien verwirrt, weil das sonst übliche Schwadronieren ihres Mannes nicht zu hören war.

Fehlende Mönche

Der 1. Fall der beiden Gladbacher Mönche
Antonius von Lövenich und seinem Adlatus Ruprecht
von Hans Georg Beckers

Johann von Epsendorf, Abt des Benediktinerklosters Gladbach, starb am 10. Januar 1505. Er hatte davon geträumt, sein Kloster endlich der Reformbewegung anzuschließen, die wieder zur Strenge der Ordensregel zurückkehrte. Leider hatte er nicht die nötige Durchsetzungskraft, alle Mönche zu diesem Schritt zu bewegen.

Erst sein Nachfolger, Ägidius von Bocholtz aus Lobberich, vereinte in sich die besten Voraussetzungen zum Wandel: Adelige Herkunft und solides Studium der Theologie.

Allerdings wird die Zeit bis zur Neuwahl als Abt von einem Verbrechen überschattet, das aufzuklären nur einer in der Lage ist: Bruder Antonius mit einem untrüglichen Gespür für schwer lösbare Rätsel.

ISBN 978-3-920743-66-0 – € 8,90

Verlag der Buchhandlung Matussek & Sohn, Nettetal

Gefährliche Erinnerungen

Der 2. Fall der beiden Gladbacher Mönche
Antonius von Lövenich und seinem Adlatus Ruprecht
von Hans Georg Beckers

»Fast jede Familie hat eine Leiche im Keller – oder anderswo.« Ab und zu treten solche Leichen zu Tage. So geschieht es auch im Jahre 1510 in Gladbach. Deshalb sind auch einige Familien sehr beunruhigt. Sie fühlen sich durch längst Vergangenes bedroht. Gäbe es nicht Pater Antonius und seinen Gehilfen Bruder Ruprecht, würden die Geheimnisse nie gelüftet. Bis es zur Lösung kommt, müssen noch einige Menschen ihr Leben lassen. Antonius und Ruprecht arbeiten mit der ihnen eigenen Beharrlichkeit bis zum – bitteren – Ende.

ISBN 978-3-920743-68-5 – € 9,50

Verlag der Buchhandlung Matussek & Sohn, Nettetal

Der Lambertimord

Der 1. Fall der beiden Mönchengladbacher
Kommissare Frank Borsch und Michael »Ecki« Eckers
von Arnold Küsters

Im Spätherbst fault der Kohl auf den Feldern. Dann riecht der Niederrhein nach Elend und Tod.

Der Mönchengladbacher Kriminalhauptkommissar Frank Borsch ist mit seinem Kollegen Michael »Ecki« Eckers in Nettetal unterwegs, denn er muß den Mord an einer jungen Frau aufklären. Die Ermittlungen in Breyell und Umgebung sind für den Polizisten auch ein Stück Begegnung mit der eigenen Vergangenheit. Und obwohl Frank Borsch in Breyell geboren und aufgewachsen ist, bleiben ihm die Menschen seiner Heimat seltsam fremd. Zu allem Übel hat er das seltsame Gefühl, ständig zu spät zu kommen. Dabei hat er eigentlich keine Ruhe für die Aufklärung des Mordes. Seine Freundin Lisa benimmt sich schon seit Wochen mehr als merkwürdig. Frank Borsch würde sich lieber um sein Leben kümmern als um die Ermittlungen in den ehrenwerten Kreisen der Nettetaler Schickeria. Und da ist noch die Musik. Der Blues. Kriminalhauptkommissar Borsch spielt die Bluesharp in der Band STIXS. Wenn er denn Zeit hat. Sein Kollege Ecki dagegen liebt es eher volkstümlich. Er hört gerne Stefanie Hertl und den »Holzmichl«, am liebsten im Dienstwagen.

So oder so: Frank Borsch hat es wirklich nicht leicht, im Moment nicht und überhaupt. Ja, und da ist noch der »alte Lambert«, der Breyeller Kirchturm aus dem 14. Jahrhundert, das Wahrzeichen Nettetals. Der Turm wird zum Schauplatz des Schreckens. Und trotzdem halten es die Breyeller lieber mit den drei Affen: Nichts sehen, nichts hören, nichts sagen.

ISBN 978-3-920743-61-5 – € 9,90

Verlag der Buchhandlung Matussek & Sohn, Nettetal

Maskenball

Der 2. Fall der beiden Mönchengladbacher
Kommissare Frank Borsch und Michael »Ecki« Eckers
von Arnold Küsters

Der Tote ist mit einem Strick an den glatten Stamm einer alten Buche gefesselt. Über seinen Kopf hatte man eine Art Kartoffelsack gestülpt. An Armen und Beinen hat die Leiche dunkle Flecken. Sie sehen aus wie eingetrocknetes Blut. Auch die Oberfläche des groben Leinenbeutels ist voll davon.

Wurde Hans-Georg Verhoeven hingerichtet? War es ein Ritualmord? Warum musste der Rentner aus Nettetal-Breyell sterben? Wer, um alles in der Welt, tötet einen alten, schwachen und hilflosen Menschen? Welche Wahrheit verbirgt sich hinter der prachtvollen Jugendstilfassade der Hardterwald-Klinik? Was hat Oberarzt Köhler mit der Sache zu tun?

Die beiden Mönchengladbacher Kriminalhauptkommissare Frank Borsch und Michael »Ecki« Eckers ermitteln in ihrem zweiten Fall im Umfeld der Geriatrie. Sie lernen schnell: Alte Menschen verbergen jede Menge Rätsel und Geheimnisse ...

Und da ist noch der urgemütliche Polizeiarchivar Heinz-Jürgen Schrievers, für den Anti-Aging nicht nur ein Schlagwort ist. Allerdings geht er Frank damit mächtig auf die Nerven. Der Kommissar hört lieber den Blues – wenn Ecki nicht gerade auf WDR 4 umgeschaltet hat.

ISBN 978-3-920743-62-2 – € 10,90

Verlag der Buchhandlung Matussek & Sohn, Nettetal

MK Bökelberg

Der 3. Fall der beiden Mönchengladbacher
Kommissare Frank Borsch und Michael »Ecki« Eckers
von Arnold Küsters

Das Bökelbergstadion ist leer. Nur der Wind und die Bagger reißen noch an den alten Tribünen. Beim Abriss wird am Ehrenmal für die Toten ein Skelett ausgegraben.

»Ich kann mir das alles nicht erklären.« Günter Bongartz saß blaß in seinem komfortablen Schreibtischstuhl. Seine Körperhaltung hatte nichts mehr von der charismatischen Ausstrahlung, die in den Zeitungen und im Fernsehen so oft beschworen wurde. »In unserem Verein hat es so etwas noch nie gegeben. Fußball und Mord: das passt doch nicht zusammen. Jedenfalls nicht bei uns. In Südamerika, vielleicht, aber doch nicht am Niederrhein.«

Kriminalhauptkommissar Frank Borsch und sein Freund und Kollege KHK Michael »Ecki« Eckers, ahnen noch nicht, dass es in ihrem dritten Fall um weit mehr geht als nur um Fußball und Mord. Auf sie warten ganz andere Profis.

Naja, immerhin, ein wenig Zeit bleibt noch für den Blues. Obwohl Frank mehr *bluesharp* üben sollte. Meint jedenfalls Claus, Chef der Bluesband STIXS. Dagegen schwelgt Ecki selig in WDR 4-Melodien. Und Polizei-Archivar Heinz-Jürgen Schrievers möchte unbedingt mal in den Borussiapark...

ISBN 978-3-920743-63-9 – € 10,90

Verlag der Buchhandlung Matussek & Sohn, Nettetal

Finsternis im Kopf

Ein Niederrhein-Krimi
von Jürgen Hühnerbein

Georg Dreegen ist Kriminalhauptkommissar am Niederrhein. Ein Junggeselle, erfolgreich und beliebt. Er verbringt einen Kurzurlaub in Prag, den ersten Urlaub seit Jahren. Georg Dreegen sucht nach Ruhe und Entspannung, gerät aber in einen Strudel mörderischer Ereignisse, die sich wie ein blutiger Faden zu einem Netz spinnen, in dessen Zentrum die Stadt Nettetal steht – der Geburtsort von Georg Dreegen …

Die Suche nach dem Heiligen Gral mag abgeschlossen sein. Der Finder aber, Parzival, steht wieder auf, streift die uralten Sagen und Legenden ab und taucht ein in das 21. Jahrhundert, um die Welt endgültig vom Bösen zu befreien. Die Jagd beginnt …

»... originelle Geschichte, spannend geschrieben.«
Westdeutsche Zeitung

»Der Krimi ... ist ebenso spannend wie blutig.«
Neue Rhein Zeitung NRZ

ISBN 978-3-920743-65-3 – € 8,90

Verlag der Buchhandlung Matussek & Sohn, Nettetal